BENOÎT HAMMARRENGER
Ph. D., neuropsychologue

DEUXIÈME ÉDITION
revue et mise à jour

L'OPPOSITION

*Ces enfants qui vous en font
voir de toutes les couleurs*

L'opposition : ces enfants qui vous en font voir de toutes les couleurs est un ouvrage de vulgarisation et non un outil pouvant servir à poser un diagnostic. Chaque enfant est unique; si vous avez des préoccupations importantes au sujet du développement ou des comportements d'un enfant que vous accompagnez, il est recommandé d'entreprendre une démarche d'évaluation auprès d'un professionnel compétent.

Notez également que dans ce livre, l'auteur fait référence à toutes les formes de familles ainsi qu'aux parents et aux enfants de tous les genres. Dans tous les exemples impliquant des consultations réelles avec des clients, les noms et les détails de l'histoire ont été modifiés afin de préserver la confidentialité.

Catalogage avant publication de Bibliothèque et Archives nationales du Québec et Bibliothèque et Archives Canada

Titre: L'opposition : ces enfants qui vous en font voir de toutes les couleurs / Benoît Hammarrenger, Ph. D., neuropsychologue.

Noms: Hammarrenger, Benoît, 1976- auteur.

Description: Nouvelle édition. | Comprend des références bibliographiques.

Identifiants: Canadiana 20220027536 | ISBN 9782925213260 (couverture souple)

Vedettes-matière: RVM: Opposition (Psychiatrie) | RVM: Troubles du comportement chez l'enfant.

Classification: LCC RJ506.O66 H35 2023 | CDD 618.92/89—dc23

Auteur : Benoît Hammarrenger
Photographie de l'auteur : Yannick Mitchell / Ferland Photo inc.
Photographies : DepositPhotos

Tous droits réservés
© Éditions Midi trente
www.miditrente.ca

ISBN 2e édition: 978-2-925213-26-0
ISBN (1ère édition) : 978-2-923827-82-7
Imprimé au Canada

Dépôt légal : 1er trimestre 2023
Bibliothèque et Archives nationales du Québec
Bibliothèque et Archives du Canada

Tous droits de traduction, d'édition, d'impression, de représentation et d'adaptation, en totalité ou en partie, réservés pour tous les pays. La reproduction d'un extrait quelconque de cet ouvrage, par quelque procédé que ce soit, tant électronique que mécanique, notamment par photocopie ou par microfilm, est strictement interdite sans l'autorisation écrite de la maison d'édition.

Il est **interdit** de reproduire le contenu de cette publication, en partie ou en totalité, sans autorisation.

Merci de protéger les créateurs et de nous permettre de continuer à publier des ouvrages de qualité.

Financé par le gouvernement du Canada | Canadä

Société de développement des entreprises culturelles
Québec

Les Éditions Midi trente remercient la SODEC de son soutien.

Québec
Crédit d'impôt livres
Gestion SODEC

· TABLE DES MATIÈRES ·

PREMIÈRE SECTION
Les causes de l'opposition chez l'enfant

CHAPITRE 1
Comprendre l'opposition 11
- L'opposition, on en veut! 14
- Développement du cerveau : il faut laisser le temps au temps! 16
- Quand l'opposition devient trouble 18

CHAPITRE 2
L'opposition innée et l'opposition apprise (et l'influence des styles parentaux) 21
- L'inné et l'acquis 22
- L'opposition innée 23
- L'opposition apprise (ou acquise) 27
- Les styles parentaux 28
- Entretenir les extrêmes : le couple permissif et autoritaire 33
- Le parent désengagé et autoritaire : une boîte à surprises 36
- Le couple permissif 39

CHAPITRE 3
L'opposition liée aux conflits familiaux 41
- Le besoin de sécurité de l'enfant 43
- Les conséquences dévastatrices des conflits entre parents 45
- Lorsque survient la séparation 49
- La coparentalité harmonieuse 51
- L'intégration d'un nouveau conjoint ou d'une nouvelle conjointe 53
- «Pense à toi. Prends soin de toi... » 55
- Gérer l'opposition due à des conflits entre parents 59

CHAPITRE 4
L'opposition pour prendre sa place dans la fratrie 61
- La cause de la cause... 62
- Les enjeux selon la position dans la fratrie 63
- Le rôle de la fratrie : comme au cinéma ! 68
- La violence dans la fratrie 70
- Un enjeu pour la vie 73
- Gérer l'opposition dans la fratrie 73

CHAPITRE 5
L'opposition chez l'enfant anxieux **75**

- Les sources d'anxiété chez l'enfant 77
- Les traits de personnalité 82
- L'opposition chez l'enfant anxieux 84
- Les enfants pour qui le vase est toujours plein 86
- L'ange à l'école, le démon à la maison 87
- Gérer les comportements d'opposition provoqués par l'anxiété 88

CHAPITRE 6
L'opposition neurologique **99**

- Le TDAH 101
- L'opposition chez l'enfant qui vit avec un TDAH 104
- L'intervention auprès de l'enfant ayant un TDAH qui s'oppose 109
- Le syndrome de Gilles de la Tourette (SGT) 117

CHAPITRE 7
L'opposition chez l'enfant roi **121**

- L'enfant roi : une création (ou une créature) des parents 122
- Achetez maintenant, payez plus tard ! 126
- Les parents de l'enfant roi 128
- Gérer l'opposition de l'enfant roi 130

CHAPITRE 8
L'opposition chez l'enfant doué **133**

- La douance intellectuelle 134
- La douance, un problème ? 137
- L'opposition chez l'enfant doué 138
- Gérer l'opposition chez l'enfant doué 140

DEUXIÈME SECTION
Les interventions

INTERVENTION 1
Le temps de qualité et l'attention positive **147**

- Le besoin d'être aimé 147
- Le temps de qualité avec l'enfant 149
- La balance de l'estime de soi 153

- Vous êtes le miroir de l'identité de l'enfant 155
- Le contact physique 159
- Ayez du fun! 160

INTERVENTION 2
Le système de renforcement **161**
- Qu'est-ce qu'un tableau de renforcement ? 162
- Les 12 travaux du système de renforcement 163

INTERVENTION 3
Couper l'argumentation **173**
- L'argumentation est un jeu de ballon 176
- Le cycle de l'opposition 178
- L'argumentation de l'enfant opposant : un processus irrationnel 182
- Couper l'argumentation : la méthode du « un, deux, trois » 185
- On agit toujours pour la prochaine fois 190

INTERVENTION 4
L'approche empathique **193**
- Vivre le «Wow!» avec l'enfant 200
- Comprendre les besoins sous-jacents de l'enfant 202

INTERVENTION 5
La méthode progressive du calendrier **207**

INTERVENTION 6
L'intervention punitive **213**
- Hausser le ton, oui; utiliser la violence verbale, non 215
- La fessée 216
- La punition 217
- La méthode du retrait de jetons 221

CONCLUSION 223
RÉFÉRENCES ET BIBLIOGRAPHIE 229

· PREMIÈRE SECTION ·

Les causes de l'opposition chez l'enfant

CHAPITRE 1
Comprendre l'opposition

> **Il y a des moments où être parent semble n'être rien d'autre que de nourrir la bouche qui vous mord.**
>
> — Peter De Vries (1910-1993), écrivain

Cher parent, laissez-moi commencer par vous témoigner toute mon admiration. Vous occupez le plus bel emploi du monde, vous tenez le rôle le plus important et le plus valorisant qui soit. Vous êtes responsable de ce que vos enfants deviendront et vous jouez un rôle essentiel dans leur bonheur au quotidien. Vos enfants sont capables de grandes choses et leurs espoirs reposent entre vos mains. Vous pouvez les aider à devenir des adultes heureux, respectueux et autonomes.

Mais avouons-le, le rôle de parent n'est pas toujours facile. En plus du travail, des tâches ménagères, des devoirs, des rendez-vous médicaux, des cours de piano et des entraînements de soccer, il faut trouver du temps de qualité à investir avec nos jeunes, tout en

CHAPITRE 1

maîtrisant l'art de mettre des limites strictes et une discipline rigoureuse lorsque nécessaire. Pour certains parents, la tâche devient encore plus éreintante lorsqu'ils sont confrontés à des enfants qui s'opposent à leurs demandes, argumentent sans cesse, manquent de respect, crient et hurlent pour des riens. Certains enfants cherchent parfois même à provoquer le chaos lorsque les interactions sont paisibles. Pour ces parents, le milieu familial peut devenir un endroit de tensions et de stress, pouvant mener jusqu'aux conflits conjugaux ou à l'épuisement personnel. Le nid familial réconfortant et ressourçant n'est plus.

Toutes sortes de questions torturent alors l'esprit des parents d'enfants opposants : « Comment en sommes-nous arrivés là ? », « Qu'ai-je fait de mal ? », « Mon enfant a-t-il un problème ? » et surtout « Comment pouvons-nous retrouver l'harmonie à la maison ? ».

Plusieurs livres existent sur la gestion des troubles de l'opposition chez l'enfant. Ceux-ci offrent généralement des pistes de solutions et d'interventions ayant une certaine efficacité. Dans cet ouvrage, j'aimerais outiller les parents autrement. J'aimerais les aider à comprendre les causes avant d'agir et d'intervenir. J'aimerais amener une réflexion un peu plus approfondie autour des comportements difficiles, car l'opposition d'un enfant anxieux ne se gère pas du tout de la même manière que celle d'un enfant qui vit avec un TDAH, par exemple. J'ai la vive conviction que les parents seront nettement plus efficaces dans leurs interventions s'ils parviennent vraiment à bien cibler les causes sous-jacentes aux comportements d'opposition de leur jeune. En plus d'intervenir sur le comportement de l'enfant, cette approche nous permet surtout d'intervenir à la source de celui-ci afin d'éviter qu'il ne se reproduise.

Bien que l'étiquette diagnostique reconnue soit celle de « trouble d'opposition avec provocation » (ou TOP), bien souvent, l'opposition n'est pas un trouble en soi, mais bien un symptôme. J'aime comprendre l'opposition comme la manifestation visible et dérangeante de quelque chose d'autre, qui perturbe l'enfant et qui amène un déséquilibre dans sa dynamique émotionnelle et psychoaffective. Bien sûr, il arrive parfois que l'opposition soit tributaire d'un syndrome neurologique hors du contrôle de l'enfant. Mais parfois, elle émerge plutôt à cause de certains facteurs présents dans son environnement.

Alors qu'il existe une tendance bien ancrée consistant à considérer le trouble d'opposition comme le problème à traiter, mes années de pratique me suggèrent plutôt qu'une bonne compréhension du vrai problème sous-jacent apparaît primordiale et incontournable afin d'appliquer une intervention efficace.

Ce livre ne traite pas uniquement d'opposition. Plusieurs autres questions importantes y sont abordées : le développement du cerveau, les styles d'autorité, les conflits familiaux, l'anxiété, le TDAH, le syndrome de Gilles de la Tourette, la douance.... Au cours des prochains chapitres, je m'appliquerai donc à détailler, dans des termes accessibles et avec des exemples qui parlent aux parents, quelles sont ces perturbations psychoaffectives, neurologiques et environnementales qui peuvent expliquer l'opposition de leurs jeunes. Une fois les diverses causes de l'opposition exposées, je proposerai aux parents des interventions spécifiques, ciblées non pas uniquement sur le comportement de l'enfant, mais sur le besoin ou l'élément motivateur qui pousse ce dernier à agir de manière indésirable ou inappropriée.

Comme nous le verrons tout au long de ce livre, l'opposition est complexe et peut prendre *plusieurs couleurs*. Elle peut découler de causes variées, se présenter de toutes sortes de manières et caractériser des profils bien différents... Votre enfant vous en fait voir de toutes les couleurs ? Heureusement, il y a aussi ***plusieurs solutions*** !

CHAPITRE 1

L'opposition, on en veut!

Croyez-le ou non, il faut d'abord savoir qu'il y a, dans le développement d'un enfant, des phases d'opposition normales, saines et même souhaitables! Vers l'âge de deux ou trois ans, l'enfant comprend qu'il a un certain contrôle sur son environnement, mais surtout sur les gens autour de lui. Il comprend qu'il peut dire non à une demande qui lui est formulée, ce qu'il n'avait jamais tout à fait réalisé auparavant. Il constate même parfois qu'il obtient plus d'attention lorsqu'il s'oppose à une demande que lorsqu'il s'y conforme! L'opposition de l'enfant a alors comme fonction première de lui permettre d'affirmer son individualité. L'enfant affronte ses parents pour la première fois en leur faisant valoir ses propres envies. C'est la « phase du non » qui commence. (Cette phase que plusieurs parents surnomment le « terrible two » est en fait souvent plus rude vers trois ou quatre ans qu'à deux ans.) Au cours de cette période, l'opposition est également primordiale pour permettre à l'enfant de gagner en autonomie. L'enfant s'oppose alors parce qu'il veut faire les choses par lui-même. Il veut boutonner seul sa veste, même si cela prend plusieurs minutes et que l'on doit partir rapidement. Il veut verser lui-même le jus dans son verre, même si le projet apparaît plus ou moins réaliste à nos yeux de parents. Ensuite, l'enfant prend goût à cette nouvelle autonomie et, du haut de ses trois pommes, commence à vouloir prendre des décisions par lui-même. Il veut décider à quel moment il viendra manger et également ce qu'il y aura dans son assiette. Dans tous ces exemples, l'opposition sert le même objectif : le développement de l'autonomie et de l'individualité de l'enfant, ce qui est absolument sain et souhaitable.

Cette phase doit cependant s'estomper et l'enfant doit retrouver l'harmonie avec ses parents. Cette harmonisation sera facilitée par l'attitude des parents, mais aussi par l'implication de l'enfant. Je m'explique : les parents doivent reconnaître l'individualité de leur enfant en le laissant faire des choses par lui-même lorsqu'il le demande, mais aussi en le laissant faire ses propres choix et prendre ses propres décisions, et enfin, en valorisant son autonomie. De son côté, l'enfant doit réaliser que le cadre imposé par ses parents doit être maintenu, et ce, pour sa propre sécurité. L'enfant doit alors avoir une grande confiance en ses parents, souvent même une confiance aveugle. Même s'il ne comprend pas pourquoi on lui impose un règlement, il doit avoir confiance que ses parents le lui imposent pour son bien. Lorsqu'il se fait discipliner, l'enfant doit avoir suffisamment confiance en ses parents pour croire qu'ils l'aiment toujours autant et qu'ils se montrent sévères justement parce qu'ils se soucient de son bien-être.

Notons qu'une seconde phase d'opposition normale et souhaitable apparaît à l'adolescence. L'opposition remplit de nouveau la même fonction, soit d'affirmer l'autonomie et l'individualité. L'adolescent commence à avoir des opinions distinctes de celles de ses parents. Il ne veut pas toujours suivre le chemin qu'ils ont tracé pour lui. L'adolescent veut aussi se montrer capable de faire les choses par lui-même, de façon autonome. Cette opposition est d'une importance capitale afin d'amener l'adolescent à devenir un adulte autonome.

CHAPITRE 1

Développement du cerveau : il faut laisser le temps au temps !

Avant 5 ans, l'enfant est confronté à ses propres limites neurologiques. Son cerveau a encore beaucoup de chemin à parcourir avant d'arriver à maturité. Les fonctions du cerveau sont généralement assez « approximatives » à cet âge, tout comme le sont la motricité et le langage. Une autre fonction du cerveau est peu efficace au cours de cette période et contribue aux comportements d'opposition : l'autocontrôle. La recherche a bien documenté le fait que notre cerveau comporte une portion dont le rôle spécifique est d'ajuster nos réactions et notre comportement en fonction de ce qui est socialement acceptable. On pourrait appeler cette portion du cerveau le « filtre ». Ce dernier trouve son siège à l'avant de la tête, dans une aire appelée préfrontale. Ainsi, lorsque nous vivons une émotion de colère, par exemple, notre filtre nous permet de garder le plus gros de nos émotions à l'intérieur, et ce, même si on en laisse transparaître une partie (visage sévère, ton de voix plus sec, juron entre les dents). Or, la région préfrontale est très peu développée avant l'entrée à l'école et ne peut donc jouer son rôle efficacement. Ceci explique que les enfants réagissent de manière nettement plus amplifiée aux frustrations : ils ne filtrent pas grand chose de la colère lorsqu'elle monte en eux. Toutes les consignes et les contraintes des parents peuvent provoquer de la frustration chez l'enfant et il le manifeste souvent de manière disproportionnée (à nos yeux d'adultes bien filtrés), ce que nous pourrions interpréter à tort comme de l'opposition.

En plus de l'autocontrôle, ce filtre que possède notre cerveau sert une deuxième fonction: celui d'accepter les délais de gratification. Cette capacité nous permet de reporter à plus tard ce qui nous ferait plaisir (souvent pour respecter certaines contraintes de la vie). Par exemple, nous remettons à plus tard l'achat d'un nouveau téléviseur le temps d'économiser, ou encore nous reportons nos vacances parce que nous devons d'abord remplir nos obligations au travail. Pour un enfant d'âge préscolaire, cette capacité n'est pas encore acquise. Il lui sera donc bien difficile de cesser de jouer dans la piscine pour venir dîner ou d'éteindre la télévision pour aller se brosser les dents. Même si on lui dit qu'il pourra reprendre l'activité plaisante plus tard, le délai lui paraît intolérable et peut être à la source d'une réaction de crise (évidemment non filtrée!).

Je vous invite à visionner le « test du marshmallow » (ou chamallow en Europe) sur YouTube. Dans cette célèbre expérience, l'enfant entre dans une pièce et l'intervenante place une guimauve devant lui. Elle lui dit ensuite qu'elle doit quitter la pièce pour quelques minutes. Elle affirme à l'enfant qu'il peut manger la guimauve tout de suite, mais que s'il attend son retour, il aura droit à une deuxième guimauve! Les enfants sont filmés à leur insu et la vidéo nous montre le combat que doit livrer l'enfant avec lui-même pour réfréner son envie de manger la friandise et attendre le retour de l'intervenante. Cette vidéo provoquera assurément quelques sourires... et vous permettra de mieux comprendre la difficulté associée au délai de gratification!

Il faut donc « laisser le temps au temps » pour que la maturation du cerveau de l'enfant lui permette de développer la capacité d'autocontrôle, et donc la possibilité de se projeter dans l'avenir et de remettre un plaisir à plus tard. Les parties du cerveau responsables de ces capacités se développent de manière accélérée entre 6 et 9 ans.

CHAPITRE 1

Quand l'opposition devient trouble

Le trouble d'opposition/provocation est caractérisé par une désobéissance quasi-généralisée, et parfois même une recherche active du conflit. Devant une consigne qui lui déplaît, l'enfant peut montrer soit de l'opposition passive (il semble acquiescer à la demande, mais omet volontairement d'y donner suite), soit de l'opposition active (l'enfant crie, frappe, lance les objets, confronte, défie, dit « non » en regardant dans les yeux), soit enfin de l'opposition dite passive-agressive (l'enfant semble se conformer à la demande de l'adulte, mais il blesse autrui ou brise « accidentellement » quelque chose en cours d'action pour se venger). Les enfants qui recherchent le conflit semblent vouloir provoquer leur frère ou leur sœur alors que tout est calme dans la maison. Ils s'opposent à ce que dit un parent même s'il ne s'agit pas d'une consigne, comme pour provoquer une argumentation sur n'importe quel sujet de discussion, même les plus insignifiants. Des parents m'ont déjà dit à propos de leur jeune : « On dirait qu'il est bien dans le chaos, alors il le provoque ».

Avec ces enfants, les parents diront qu'ils se sentent constamment en situation de lutte de pouvoir. L'enfant refuse de se plier aux consignes, mais aussi aux conséquences et aux punitions imposées par les parents. Dans certains cas, les parents ont même l'impression que l'enfant a pris le dessus dans la maison et que dans le fond, c'est lui qui décide maintenant. Dans les cas plus graves, l'enfant, en plus de refuser de se conformer, cherche à provoquer l'adulte. Ces enfants savent ce qui met leurs parents en colère et ils l'exploitent ! Ils savent aussi mettre le parent dans l'embarras en faisant des crises en public. C'est d'ailleurs souvent de cette façon, par les crises, qu'ils finissent par obtenir ce qu'ils veulent et qu'ils finissent par avoir régulièrement le dessus sur l'autorité parentale. Il s'agit alors d'un problème sérieux, par rapport auquel il est impératif d'intervenir rapidement. Sans intervention, le trouble oppositionnel avec provocation peut évoluer en trouble des conduites, qui s'apparente davantage à de la délinquance (opposition aux règles sociales, comportements qui violent les droits des autres, délits, agressivité physique, etc.).

En lien avec le diagnostic du trouble oppositionnel avec provocation, le manuel diagnostique des troubles mentaux (le DSM-5) parle d'humeur irritable ou colérique, de comportements querelleurs ou provocateurs et d'esprit vindicatif.

Personnellement, je n'aime pas l'étiquette diagnostique de « trouble d'opposition ». Cette étiquette me semble pointer uniquement l'enfant comme étant le problème et interprète un symptôme (l'opposition) comme un trouble en soi. Dans la vaste majorité des cas, je préfère parler d'une dynamique familiale menant à des comportements d'opposition, d'enjeux psychoaffectifs menant à des comportements d'opposition ou de retards neurodéveloppementaux menant à des comportements d'opposition. Reste cependant qu'il existe effectivement quelques enfants qui semblent présenter un trouble de l'opposition inscrit dans leur personnalité. Ce dernier est alors souvent présent depuis toujours, indépendamment de facteurs externes.

CHAPITRE 2

L'opposition innée et l'opposition apprise

(et l'influence des styles parentaux)

> Pis les enfants, c'est pas vraiment vraiment méchant
> Ça peut mal faire ou faire mal de temps en temps
> Ça peut cracher, ça peut mentir, ça peut voler
> Au fond, ça peut faire tout ce qu'on leur apprend...
>
> - Paul Piché (1953 -), auteur-compositeur-interprète

J'aime cet extrait de la magnifique chanson « L'escalier » de Paul Piché. La lecture de ces lignes ne peut faire autrement que de nous responsabiliser en tant que parent, et cela me semble très positif. Ce que nous sommes, ce que nous faisons et ce que nous disons peut éventuellement servir de modèle à l'enfant et ainsi déterminer ce qu'il fera, voire ce qu'il deviendra. Le célèbre psychologue behavioriste B. F. Skinner croyait d'ailleurs que ce que l'enfant devient dépend entièrement des récompenses et des punitions qu'il reçoit. S'il pose un geste pour lequel il perçoit une conséquence agréable, il aura tendance à le poser de nouveau. Inversement, s'il subit une conséquence désagréable, il sera moins probable qu'il reproduise le comportement qui l'y a mené. Selon cette logique, il est

INTERVENTION 2

possible pour un parent de « modeler » son enfant un peu comme il le souhaite, en octroyant les bonnes récompenses aux comportements positifs de l'enfant et en imposant les bonnes punitions aux comportements négatifs (comme l'opposition). Fort de cette théorie des renforcements et des punitions, Skinner avait même été jusqu'à avancer : « Donnez-moi un enfant et je pourrai le modeler pour en faire ce que vous voudrez ! ».

La théorie de Skinner est certainement juste à plusieurs égards. Nous l'utiliserons d'ailleurs afin de guider certaines interventions en réaction à l'opposition (notamment pour établir des systèmes de renforcement). Par contre, la réalité humaine me semble un peu plus complexe. Se pourrait-il que certains traits de caractère ne soient pas modelés par les récompenses, mais plutôt innés ? On entre ici dans le débat opposant l'inné et l'acquis.

Revenons à l'enfant qui argumente, qui s'oppose et qui fait des crises. La question est la suivante : l'enfant est-il NÉ comme ça ? Est-il DEVENU comme ça ? Dire que l'enfant est « né comme ça » revient à dire qu'il est inscrit, dès la naissance, dans sa génétique ou dans sa personnalité, que cet enfant se développera de telle manière qu'il sera difficile à gérer pour ses parents. Dire qu'il est « devenu ainsi » implique plutôt que l'enfant, modelé par les expériences de la vie, comprend (plus ou moins consciemment) à un certain moment que l'opposition et la confrontation sont des modes d'interaction légitimes, voire profitables pour lui. Il adopte alors ce mode d'interaction qu'il n'aurait par ailleurs pas choisi s'il avait été exposé à un autre contexte de vie au cours des années. Voici donc la réponse tant attendue à la question « l'opposition est-elle innée ou acquise ? ». (Roulement de tambour...) L'opposition peut être innée, ou acquise, ou un peu des deux !

Bon, je sais. Ce n'est pas une belle réponse catégorique et définitive qui répond à la question une bonne fois pour toutes. C'est souvent la réalité (parfois frustrante) en psychologie. Quand j'étais aux études, avide d'apprendre, je détestais ce genre de réponse remplie de « Ça dépend ». Mais j'ai compris que si on a du mal à tolérer l'ambiguïté, il vaut peut-être mieux étudier dans un autre domaine... En psychologie, tellement de facteurs définissent le comportement humain qu'une règle stricte et universelle n'existe pas. Dans les pages qui suivent, je vais tout de même tenter de préciser quelques éléments de contexte et de décrire certaines tendances. Allons-y !

L'opposition innée

Lorsque des parents me consultent en lien avec l'opposition de leur jeune, je fais toujours un retour sur les premières années de vie. Je revois avec eux les premiers mois qui ont suivi la naissance, l'intégration à un milieu de garde et la période préscolaire. À quelques reprises, mes questions m'ont permis de constater que l'opposition et les crises étaient bel et bien présentes chez l'enfant de façon innée (souvent dès les premiers mois de vie).

Les parents décrivent alors les comportements suivants :

- L'enfant est difficile dès la naissance. Difficile à nourrir, difficile à coucher, difficile à sortir en public ou chez des amis. Il fait beaucoup de crises en l'absence d'autre explication médicale (comme du reflux gastrique ou une allergie à la protéine bovine).

- Il a tendance à faire systématiquement le contraire de ce que ses parents demandent, dès le plus jeune âge et de façon persistante à travers les années préscolaires.

- Il regarde l'adulte avec défiance et le provoque délibérément. Les parents d'enfants opposants connaissent ce regard sévère (voire méchant) de confrontation qui détonne et surprend chez un enfant de moins de 6 ans.

- L'enfant ne cherche pas l'approbation de l'adulte, ne cherche pas à faire plaisir et est peu motivé par les félicitations.

- L'enfant ne tolère aucune frustration. Tout doit être fait exactement à sa façon et selon ses attentes. Il ne tolère pas le « non ». Il ne désire pas suivre les règles d'un jeu, il doit établir les règles lui-même.

- Il fait des crises excessives et semble inconsolable, et ce, dès son plus jeune âge. Ces crises persistent pendant les années préscolaires. L'opposition ne se limite pas à une phase normale du développement pour disparaître ensuite. Elle demeure stable (commence lors des premiers mois de vie et se poursuit jusqu'aux premières années de l'école primaire).

- Au moment de la crise, l'enfant semble se transformer en autre chose que lui-même. Il semble perdre tout autocontrôle. Les crises peuvent durer plus de trente minutes et parfois plusieurs heures sans s'apaiser. L'enfant hurle et pleure de manière incontrôlable, parfois jusqu'à en vomir. Dans certains cas plus extrêmes, l'enfant perd le souffle et peut devenir bleu, voire perdre connaissance.

- Il tente de blesser physiquement ou émotionnellement les parents ou d'autres enfants, souvent sans éprouver de remords.

- L'opposition n'est pas une réaction émotionnelle ou impulsive que l'enfant regrette ensuite. Elle semble contrôlée, réfléchie et planifiée. L'enfant ne regrette pas ses actions au terme du conflit.

- Une fois l'école primaire commencée, l'opposition persiste et l'enfant « en fait baver » à ses parents et à ses enseignants.

- Aucun évènement marquant, aucune perturbation dans la famille ou dans l'environnement de l'enfant ne semble expliquer ou justifier l'apparition des crises.

Le fait que les crises soient présentes depuis toujours et qu'elles semblent stables dans le temps laisse donc fortement croire que le trouble d'opposition de l'enfant est, dans ces cas-ci, inné. Qu'est-ce que cela signifie? Cela peut traduire deux choses : soit l'opposition fait partie de la personnalité de l'enfant, soit elle est attribuable à une immaturité neurologique. (Évidemment, la réalité est que c'est probablement un peu des deux!) Il est important de retenir ceci. L'opposition innée, celle qui semble inscrite dans la personnalité de l'enfant, correspond souvent davantage à ce que l'on entend par l'étiquette diagnostique de trouble d'opposition avec provocation (ou TOP). Inversement, lorsque l'opposition est acquise (ce que nous verrons plus loin), elle découle souvent d'autres facteurs qui amènent l'enfant à vivre des tensions ou un mal-être et qui génèrent des comportements d'opposition. Il ne s'agit alors PAS d'un TOP, mais bien de comportements d'opposition découlant de situations de vie ou d'enjeux émotionnels.

La personnalité

La personnalité teinte les interactions et l'humeur générale de l'enfant. Souvent, les parents constatent dès les premiers mois de vie qu'un enfant n'a pas la même personnalité que ses frères et sœurs, par exemple. On peut rapidement dire si l'enfant sera extraverti ou introverti, fonceur ou réservé, sociable ou retiré, anxieux ou confiant, rieur ou taciturne, etc. Ces traits caractérisent la personnalité et il semble qu'une bonne part de notre personnalité soit innée. Pour certains enfants, la confrontation, le désir de contrôle et les réactions de crise semblent constituer un mode d'interaction inné. On peut donc penser que ces traits font partie intégrante de leur personnalité.

Immaturité neurologique

Certains syndromes neurodéveloppementaux comme le trouble de déficit de l'attention avec ou sans hyperactivité (TDAH) et le syndrome de Gilles de la Tourette (SGT) font que le filtre du cerveau se développe peu ou plus lentement. Cette condition rend ces enfants plus impulsifs et entraîne un important manque d'autocontrôle. Lorsque les crises semblent incontrôlables pour l'enfant et que les explosions de colère semblent déborder l'entendement et durer plus de trente minutes sans s'apaiser, il paraît pertinent de se poser la question d'un syndrome neurologique chez l'enfant. Nous discuterons davantage des syndromes neurologiques en lien avec les comportements d'opposition au chapitre 5 de ce livre.

En somme, d'excellents parents peuvent avoir des enfants qui « leur en font voir de toutes les couleurs », et ce, malgré de bonnes méthodes éducatives, malgré un attachement sain, malgré de bonnes capacités à mettre des limites et de la discipline, et malgré le fait qu'ils soient présents et investis dans l'éducation de leurs enfants. Certains parents doivent vivre avec des enfants qui sont nés comme ça. Opposants et confrontants. Cependant, leur approche parentale pourra faire beaucoup pour adoucir (ou pour exacerber !) ce trait de personnalité de leur enfant.

L'opposition apprise (ou acquise)

L'opposition peut également être un comportement appris (ou acquis). L'enfant qui traverse un contexte de vie difficile peut développer des comportements d'opposition qu'il n'aurait pas présentés en d'autres circonstances. Nous en parlerons davantage dans les chapitres portant sur l'opposition de l'enfant anxieux et sur les conflits parentaux.

Ici, j'aimerais aborder l'opposition apprise en lien avec les styles d'autorité parentale. Mais avant tout, voyons les différences entre les comportements d'opposition liés à certains facteurs présents dans la vie de l'enfant et ceux qui découlent du TOP.

Les comportements d'opposition...

- consistent en des actes impulsifs et irréfléchis;

- sont apparus en réaction à une situation;

- sont sous-tendus par un mal-être psychologique et émotionnel;

- l'enfant manifeste tout de même le désir de plaire et d'être aimé, il apprécie les félicitations et les compliments, il peut éprouver des regrets après les disputes et les crises et il est capable d'empathie.

CHAPITRE 2

Le trouble d'opposition avec provocation (TOP)...

- est présent depuis toujours, il est inné;
- consiste probablement en un trouble pédiatrique de la personnalité;
- se manifeste par des actes qui peuvent sembler réfléchis, vengeurs ou prémédités;
- l'enfant semble avoir le désir de faire fâcher les autres ou de les blesser, il ne semble pas ressentir le désir de plaire, ou très peu, il ne recherche ni les félicitations, ni les compliments, il ne semble pas éprouver de regret en lien avec ses crises et ses comportements perturbateurs et il manque parfois d'empathie.

Les styles parentaux

J'aime bien le modèle de la psychologue Diana Baumrind[1]. Ce modèle permet de définir facilement et rapidement le style de parent que vous êtes en termes d'autorité et de discipline. Attention, ce modèle ne rend certainement pas compte de tout ce que c'est qu'être un parent, mais il comporte l'avantage de pouvoir se situer rapidement sur deux axes. Cela facilite la réflexion sur le mode d'autorité que vous adoptez et qui peut entretenir ou dissuader les comportements d'opposition.

Baumrind propose deux axes croisés, le long desquels on peut se positionner comme parent :

L'axe horizontal est celui de la chaleur et du soutien. Cet axe rend compte de notre capacité et de notre tendance comme parent à être aimant, soutenant, valorisant et chaleureux; à rechercher le contact

---

[1] Baumrind, D. (1967). Child care practices anteceding three patterns of preschool behavior. *Genetic Psychology Monographs*, 75(1), 43-88.

physique avec notre enfant, à utiliser des mots doux, à souligner ses réussites et à répondre à son besoin de réconfort.

L'axe vertical est celui du contrôle et des exigences. Cet axe illustre le degré auquel le parent est strict et exigeant envers son enfant quant au respect des consignes, ainsi que le degré auquel le parent impose des demandes et exigences à l'enfant afin de favoriser le développement de son autonomie et de sa réussite. Il reflète aussi notre promptitude à imposer des punitions et des conséquences.

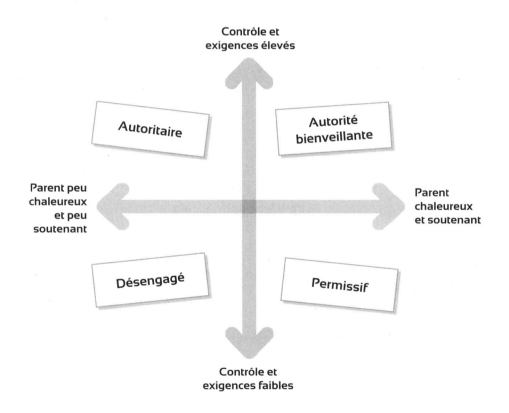

Figure 1 : Modèle des styles parentaux de Baumrid

Il arrive qu'un parent ait, dans sa personnalité, plus d'aisance à exercer son rôle de parent sur un axe que sur l'autre. Il s'agit de notre tendance naturelle de parent à verser davantage dans le contrôle et les exigences, ou plutôt dans la valorisation et le soutien affectif. Cela occasionne d'ailleurs parfois des conflits entre les parents, qui peuvent penser que l'un devrait être plus chaleureux et que l'autre devrait être plus autoritaire.

Voyons tout d'abord les différents styles d'autorité :

Le parent désengagé

C'est évidemment le pire scénario. On parle ici du parent qui a peu d'exigences envers ses enfants et qui leur montre peu d'amour, de chaleur et de soutien. Ce style correspond par exemple à certains parents qui ne voulaient pas d'enfants ou à ceux qui jugent que le rôle éducatif revient à l'autre parent. Ce style peut également être celui du parent qui est en dépression majeure, qui est irrité par ses enfants ou qui ne possède plus les ressources et l'énergie pour s'investir auprès d'eux. Dans les pires cas, on parle de négligence parentale. C'est le cas par exemple des parents désinvestis qui présentent un problème d'alcool, de drogue ou de jeu. Il peut également s'agir du parent qui est surinvesti dans sa carrière et qui est peu disponible, peu présent (physiquement ou psychologiquement) pour ses enfants.

Le parent permissif

Le parent permissif aime son enfant et le lui démontre. Il est présent pour lui et pour le réconforter, mais cherche également à le protéger, voire à le surprotéger. Le parent permissif veut avant tout que son enfant soit heureux. Il croit qu'il ne faut pas user d'autorité trop ferme, pour ne pas le traumatiser. Il est patient, tolérant et lorsqu'il atteint sa limite... il fait de nouveau preuve de patience et de tolérance. Le parent permissif cherche souvent également à se faire aimer de son enfant. Il veut être son ami et il craint que le fait de hausser le ton, de lui dire « non » ou de le réprimander lui fera perdre son amour. Souvent, ce type de parent n'aime pas les conflits et n'aime pas devoir affirmer ses demandes, ce qu'il perçoit comme une interaction conflictuelle. Il peut vivre de l'insécurité et manquer de confiance par rapport à son lien d'attachement avec l'enfant. L'enfant opposant peut aisément manipuler ce type de parent, car il aura tôt fait de comprendre ses vulnérabilités émotives.

Certains parents qui se trouvent à l'extrême de l'échelle de permissivité croient également que l'enfant est capable de décider pour lui-même et qu'il n'est donc pas nécessaire de l'encadrer ou de lui imposer des règles. Ils pensent parfois que les règles qui prévalent à l'école et dans la société éteignent la créativité de l'individu. En conséquence, ils tentent souvent de fonctionner en marge des conventions sociales. Ils peuvent critiquer les systèmes de règles, par exemple celui de l'école.

Le parent autoritaire

Le parent autoritaire prend son rôle très au sérieux. Il croit fermement que ce rôle l'investit d'une responsabilité principalement disciplinaire. Il sait imposer des conséquences rapides et fermes aux actes des enfants, mais n'a pas toujours préalablement instauré et expliqué des règles claires. Les conséquences négatives surviennent donc de manière un peu imprévisible pour l'enfant et les punitions sont parfois démesurées. La patience et la tolérance du parent autoritaire sont plus limitées en regard des comportement perturbateurs. Le parent autoritaire est exigeant envers ses enfants. Il souhaite leur succès et leur réussite, souvent en leur demandant un niveau élevé de performance. Par ailleurs, le parent autoritaire est souvent perçu comme froid et distant. Il est moins porté vers le renforcement et les paroles valorisantes, vers le contact physique chaleureux.

Le parent ayant une autorité bienveillante[2]

Le parent faisant preuve d'autorité bienveillante est investi. Il est présent dans la vie de l'enfant, et il sait lui démontrer son amour, sa fierté et son soutien. Il est empathique lorsque ce dernier vit des échecs et s'enthousiasme pour ses réussites. Il encourage les échanges verbaux et il explique les raisons qui sous-tendent les règles et demandes faites à l'enfant. Par ailleurs, il s'agit d'un parent exigeant, qui prône surtout le développement de l'autonomie chez ses enfants (et non la performance comme telle). Il est respectueux envers ses enfants et en exige autant de leur part. Il sait instaurer des règles claires et des limites bien définies, de même que des conséquences mesurées mais systématiques en cas de besoin. Le parent ayant une autorité bienveillante a confiance en son lien avec l'enfant, et installe à la maison une autorité basée sur la confiance. Il ne craint pas d'effriter ce lien lorsqu'il juge nécessaire de maintenir une ligne de conduite ferme, et ce, même si celle-ci peut déplaire à l'enfant.

---

2 Baumrid a inventé en anglais le terme *authoritative* pour définir ce style parental. Ce terme a été traduit par certains auteurs par style parental démocratique. Je parlerai plutôt ici d'autorité bienveillante, car cette expression me semble mieux rendre compte de la définition de Baumrid et de ce qui caractérise ce style parental.

> **Entretenir les extrêmes : le couple permissif et autoritaire**

Mon expérience clinique m'a enseigné que le cocktail le plus explosif dans une famille est le suivant : un parent qui entretient une approche autoritaire, l'autre beaucoup plus permissif et un enfant difficile à gérer (avec un trouble de l'opposition ou un TDAH — ou les deux). Évidemment, la présence d'un parent désengagé est plus dommageable pour l'enfant, mais ce parent occasionne plus rarement des conflits dans le couple puisqu'il se tient à l'écart de l'autorité et laisse la voie libre à l'autre parent.

Souvent, le parent plus autoritaire a l'impression que l'approche trop permissive de l'autre parent entretient le problème d'opposition de l'enfant. Le parent plus autoritaire s'arrache les cheveux lorsqu'il a l'impression que l'enfant abuse de la bonté de l'autre parent et le manipule à sa guise. Le parent autoritaire a également l'impression que c'est lui qui doit jouer le rôle de « méchant », parce que « à un moment donné, ça va faire ! ». Il sent que quelqu'un doit mettre une limite à l'argumentation et à l'opposition, sans quoi ce sera l'escalade et « ça ne finira jamais ! ».

Par contre, le parent plus permissif a l'impression que l'agressivité et l'opposition de son enfant proviennent en partie du modèle, perçu comme agressif, du parent autoritaire. Le parent permissif dira qu'on ne peut combattre le feu par le feu et que de crier contre un enfant qui crie ne fait que lui enseigner à crier plus fort, et que le fait de serrer un enfant par les bras pour le contenir ne fait que rendre l'agressivité physique légitime. Le parent permissif a l'impression qu'il doit compenser le manque de chaleur de l'autre parent par encore plus de chaleur et de compréhension de son côté. C'est précisément ce processus qui entretient le problème : la polarisation des styles parentaux. Voici un exemple.

Luc et Marie-Ève sont très différents, mais ils trouvent qu'ils se complètent bien. En tant que mère, Marie-Ève a légèrement tendance à être permissive, alors que Luc a une légère inclination à être plutôt autoritaire. Au cours des premiers mois suivant l'arrivée de leur premier enfant, Luc et Marie-Ève déchantent un peu. L'enfant est difficile. Il crie beaucoup et pleure souvent. Il est toujours aussi difficile à gérer lorsqu'il atteint l'âge scolaire. Voyant cela, chaque parent a tendance à intervenir selon son style naturel, mais en raison de l'opposition de l'enfant, cela ne fonctionne pas. Luc trouve que Marie-Ève est trop permissive et il commence à croire qu'elle devrait être plus sévère lorsque l'enfant fait des crises ou manque de respect. Pour compenser la lacune qu'il perçoit chez sa conjointe, Luc commence à être de plus en plus autoritaire et à imposer une discipline de plus en plus militaire. Il sent alors qu'il est le seul parent à mettre des limites et à encadrer les comportements problématiques de l'enfant. Marie-Ève, quant à elle, voit Luc agir de la sorte et s'inquiète de voir le lien s'effriter entre Luc et leur fils. Cela lui donne l'impression qu'elle doit offrir encore plus de chaleur et de compréhension pour compenser l'approche trop froide et rigide de Luc. Marie-Ève se dit que rien ne sert de démolir l'estime de soi de l'enfant en le punissant à répétition. Elle entretient l'espoir que sa patience et un environnement calme permettront à son fils de gagner en maturité et d'arriver un jour à avoir un meilleur contrôle de lui-même. « Ce n'est qu'un enfant, après tout », se dit-elle. Dans le couple, les styles d'autorité se polarisent, les parents se campent dans le style d'autorité qui leur est propre et ils s'éloignent de plus en plus l'un de l'autre. L'enfant, lui, continue à être opposant, ce qui confirme à chaque parent que l'autorité de l'autre ne fonctionne pas... ce qui entretient le problème! Les frictions, les reproches et les conflits se multiplient au sein du couple...

Dans ce conflit autoritaire-permissif, les deux parents ont à la fois tort et raison. Ils possèdent tous deux une partie de l'autorité bienveillante, mais il leur manque l'autre. Un parent est efficace sur l'axe contrôle-exigences, mais faible sur l'axe chaleur-réconfort. À l'inverse, l'autre parent possède de belles capacités de chaleur-réconfort, mais une lacune au plan du contrôle et des exigences envers l'enfant. Ces deux parents sont investis dans leur rôle de parent et désirent faire de leur mieux avec leur enfant. Mais ils entretiennent, chacun à leur façon, les problèmes d'opposition.

Je propose ici aux parents de modifier leurs perceptions et de se repositionner afin de travailler en équipe plutôt qu'en adversaires. Ces parents se complètent, en fait! Alors si chacun des parents valorise les forces de l'autre parent, plutôt que de lui reprocher ses lacunes, et surtout si chaque parent fait confiance à l'autre, ils seront en mesure de se laisser mutuellement le plancher selon les circonstances. Les moments qui appellent plus d'encadrement seront gérés par le parent qui y trouve plus de facilité. L'autre parent pourra alors le féliciter pour son intervention plus disciplinaire et cadrante. Lorsque l'enfant vit une réussite, le parent plus chaleureux pourra le vanter, le valoriser et le féliciter à sa guise. L'autre parent pourra ensuite renchérir. Ainsi, l'enfant verra une unité entre ses parents. Il sentira qu'il évolue au sein d'un cadre familial fort, aimant et sécurisant.

Le parent désengagé et autoritaire : une boîte à surprises

Un type de parent apparaît régulièrement en thérapie lorsque je rencontre des parents d'enfants opposants : le parent désengagé-autoritaire. Le profil typique de ce parent est celui qui est très investi dans son travail. Comme il y consacre beaucoup d'heures, il est peu disponible pour sa famille. Généralement, lorsqu'il est de retour à la maison après le travail, il se retrouve souvent devant l'ordinateur ou accroché à son téléphone cellulaire pour gérer sa correspondance ou finaliser des dossiers. Bien qu'il soit occasionnellement physiquement présent au sein de la famille, il n'est jamais totalement présent mentalement. Le corps est là, mais la tête est au travail. La gestion du quotidien incombe alors à l'autre parent, qui s'occupe alors de la majorité des tâches. Dans les cas les plus marqués, ce parent a la tête au travail même pendant les vacances familiales : il traîne son ordinateur et son cellulaire pour continuer à gérer les choses à distance. Son surinvestissement dans le travail explique son désengagement parental. Ce parent est peu chaleureux, peu empathique et peu démonstratif envers ses enfants.

Cependant, il entretient de fortes valeurs quant à l'éducation que devraient recevoir ses enfants et, grâce à son investissement au travail, il possède souvent les ressources financières pour « investir » sur eux. Il les inscrit dans les meilleures écoles et, s'ils rencontrent des difficultés, il leur fera consulter les meilleurs spécialistes. S'ils jouent au hockey, il déboursera pour l'équipement le plus sophistiqué et pour les camps de perfectionnement les plus renommés. Le parent désengagé-autoritaire ne se qualifie donc pas lui-même de « désengagé », puisqu'il travaille très fort pour leur payer ce qu'il y a de mieux. Il « justifie » son investissement parental par l'argent qu'il génère pour le foyer.

Ce style parental devient générateur d'opposition chez l'enfant lorsque le parent bascule vers le volet autoritaire de son profil. Ce parent étant très préoccupé par l'éducation que devrait recevoir son enfant, il s'attend à ce que celui-ci adopte un bon comportement et qu'il soit « bien élevé ». Le parent de ce type a habituellement bien réussi dans la vie et considère qu'il y est arrivé grâce à son travail acharné et à une discipline rigoureuse. Il est exigeant envers lui-même et il l'est envers ses enfants. Parfois trop. Il peut avoir tendance à les considérer comme de petits adultes et à avoir des attentes trop élevées envers eux. Or, lorsque ses enfants ne respectent pas une discipline stricte, agissent de manière immature, n'exécutent pas ce qui leur est demandé ou pire, lorsqu'ils semblent démotivés ou paresseux, le parent désengagé-autoritaire est hors de lui. Il se sent piqué dans ses valeurs et tend alors à une approche très autoritaire et punitive. Il hausse le ton, devient intimidant et impose à l'enfant fautif des conséquences souvent très sévères.

Le problème ici est celui de la légitimité de cette autorité soudaine aux yeux de l'enfant. L'enfant voit bien que son parent est souvent absent ou bien plus intéressé par son travail que par le fait d'aller faire un bonhomme de neige avec lui, de construire un château de blocs ou de jouer au soccer. C'est comme si, soudainement, ce parent sortait d'une boîte à surprises. Il se met à s'intéresser à l'enfant de manière imprévue, mais négative. Il le discipline et le punit. L'enfant peut alors se dire : « Mais d'où sort-il pour faire ça ? De quoi se mêle-t-il ? ». Ainsi, plutôt que de se conformer à l'autorité du parent, l'enfant risque de s'y opposer. Il ne lui reconnaît pas de légitimité. L'enfant criera alors contre son parent qui vient de lui imposer une conséquence négative et le parent, déjà piqué et fâché, criera à son tour contre l'enfant qui se comporte de plus en plus, à ses yeux, comme un enfant mal élevé, ce qui est inacceptable et intolérable pour lui.

CHAPITRE 2

La morale de cette histoire? Une autorité doit TOUJOURS être d'abord légitimée aux yeux de la personne qui doit la respecter. C'est vrai pour les parents, c'est vrai pour les adultes également. Imaginez que vous travaillez sur un projet depuis six mois. Six mois de recherche et de développement, six mois à résoudre des problèmes, six mois à construire, à effacer et à recommencer. Puis, au bout de six mois, votre patron, qui avait été absent et intéressé par autre chose jusque-là, viens jeter un œil sur votre travail et vous ordonne, de manière très directive et autoritaire, d'apporter d'importants changements et de recommencer de grandes portions, tout en vous menaçant de sanctions. Quelle sera votre réaction? Vous vous demanderez certainement « D'où sort-il? » et « De quoi se mêle-t-il? ». Que le patron ait raison ou non n'a pas d'importance, vous aurez désormais moins envie de travailler pour lui ou de respecter ses demandes. Si vous pouvez vous en sortir en fournissant un effort de 80 % au travail, c'est probablement ce que vous ferez. Maintenant imaginons le contraire. Imaginons que vous ayez un patron présent tous les jours, disponible pour discuter quelques minutes chaque jour de votre projet. Un patron qui sait vous faire sentir apprécié dans l'équipe, qui voit vos bons coups et qui sait les souligner et vous féliciter. Un patron intéressé par vos idées et par ce que vous faites, qui vous fait confiance, mais qui sait apporter des idées intéressantes à l'occasion et qui contribue avec vous à résoudre les problèmes. Imaginons qu'un matin, ce patron ait à vous dire qu'il y a malheureusement une portion de votre travail qui sera à refaire parce que le projet prend une nouvelle direction. Bien que cela puisse être décevant, il y a plus de chances que vous repreniez le travail avec ardeur, que vous poursuiviez le projet en fournissant 100 % de vos efforts et que vous suiviez les nouvelles directives. Ce que le patron a fait ici, c'est asseoir son autorité. Il a confirmé sa légitimité par sa présence et son engagement auprès de ses employés.

Aspirez à la même chose avec vos enfants. Soyez présent chaque jour, intéressez-vous à ce qu'ils font, soulignez leurs bons coups et dites-leur à quel point vous êtes fier d'eux et que vous les aimez. Passez du temps avec eux et faites-leur confiance pour générer des idées lorsqu'une situation doit être résolue. Lorsque vous aurez à discipliner et à encadrer vos enfants de manière plus sévère, votre autorité sera légitime à leurs yeux et ils accepteront vos interventions en restant dans un mode de collaboration et non d'opposition. Je vous invite à lire le chapitre 9, portant sur le temps de qualité et l'attention positive, pour plus de trucs et d'astuces afin de construire votre lien et de légitimer votre autorité avec votre enfant.

Le couple permissif

Le couple permissif est composé de deux parents aimants et empathiques envers leurs enfants, mais peu à l'aise lorsqu'ils doivent encadrer, monter le ton et faire de la discipline quand surviennent des comportements indésirables. (Évidemment, un parent monoparental peut aussi présenter ces caractéristiques.) Ces parents ont souvent une personnalité plus introvertie, calme et effacée. Dans leur vie en général, ils sont très mal à l'aise avec les conflits et tentent d'éviter ces situations à tout prix. Dans l'ensemble de leurs interactions, ils sont appréciés parce qu'ils cherchent la conciliation et le compromis plutôt que la confrontation.

Par contre, avec des enfants qui cherchent à tester les limites (et souvent même à les franchir), les parents permissifs se sentent plus démunis. Ils tentent la conciliation et le compromis avec leurs enfants. Ils sont trop tolérants et leurs interventions s'avèrent souvent trop douces en regard des comportements en cause. Le danger avec un couple permissif est de créer un enfant roi (il en sera question au chapitre 7). Le danger est encore plus prononcé si les parents justifient leur permissivité par leur croyance à l'effet que la société et ses règles tuent la créativité de l'enfant, qui est selon eux capable de décider de ce qui est bon ou mauvais pour lui. Des parents permissifs qui entretiennent ce genre de croyance et un enfant déjà opposant en bas âge : voilà les ingrédients parfaits pour créer un adolescent antisocial, qui choisira peut-être la délinquance et qui rejettera les règles de la société.

CHAPITRE 3
L'opposition liée aux conflits familiaux

> Un bon mariage est celui où chacun des époux a la chance de pouvoir tolérer l'intolérable de l'autre
>
> - Jean Rostand (1894-1977), écrivain, scientifique

La famille est souvent ce que l'on a de plus précieux. On peut s'y ressourcer, s'y sentir bien, y apaiser les stress de la vie quotidienne. Entre conjoints on se soutient, on s'encourage, on s'écoute et on se comprend. On s'obstine un peu, on bougonne un temps, puis on en rit.

Puis arrivent parfois certaines situations de vie qui font que les conjoints se sentent moins compatibles qu'ils ne l'étaient au premier jour. Le début d'un nouvel emploi rend un des conjoints moins disponible à la maison, le stress financier diminue la tolérance de chacun et nous rend plus irritables, les enfants entraînent une nouvelle dynamique au sein du couple à laquelle il peut être difficile de s'adapter... Et parfois, on est tombé amoureux à 20 ans, puis on

CHAPITRE 3

réalise à 35 ans que les personnalités ont changé, que les petits défauts se sont amplifiés et que la relation entre conjoints devient difficile à gérer.

Comme nous l'avons vu au chapitre précédent, la façon de gérer un enfant difficile peut également être source de conflits entre les parents. Les différences dans les styles parentaux peuvent devenir très irritantes, surtout si on a l'impression que c'est le style parental de l'autre qui entretient le problème de l'enfant.

Plusieurs raisons et plusieurs contextes de vie peuvent donc amener les conjoints à perdre patience l'un envers l'autre, à entrer en conflit et à s'adresser des reproches. Lorsque ces conflits deviennent fréquents, et surtout lorsqu'ils impliquent des paroles qui visent à dévaloriser, rabaisser, humilier, blesser ou enlever de la crédibilité à un parent et que les enfants en sont témoins, les impacts sur ces derniers peuvent être dévastateurs.

L'OPPOSITION LIÉE AUX CONFLITS FAMILIAUX

Le besoin de sécurité de l'enfant

Pour comprendre l'impact des conflits familiaux sur les enfants, j'aimerais parler ici du besoin de sécurité de l'enfant. En 1943, le psychologue Abraham Maslow[3] produit un texte classique dans lequel il définit ce qui selon lui sous-tend les motivations de tout individu. La motivation est ce qui sort une personne de l'inertie et l'incite à se mobiliser pour poser telle ou telle action, pour adopter tel ou tel comportement. Dans le cas de l'opposition d'un enfant, il s'agit exactement de la question qu'il faut se poser pour ensuite intervenir adéquatement : qu'est-ce qui a poussé l'enfant à passer d'un état de calme ou de bonne humeur à un état marqué par la colère, l'argumentation ou l'opposition ? Quel est le besoin sous-jacent qui motive ce comportement ?

La **pyramide de Maslow** est bien connue : elle illustre les cinq catégories de besoins qui sous-tendraient toutes les motivations de l'être humain, présentées de manière hiérarchique.

Plus un besoin se trouve au bas de la pyramide, plus il s'agit d'un besoin primaire et vital. Inversement, plus il est haut, plus il s'agit d'un besoin évolué, mais non essentiel à la survie. Toujours selon Maslow, les besoins d'une strate inférieure de la pyramide doivent absolument être comblés avant qu'un individu ne s'intéresse aux besoins de la strate au-dessus. L'individu répond donc à ses besoins en suivant l'ordre de priorité illustré par la pyramide, soit du bas vers le haut.

Pour mieux comprendre l'impact des conflits parentaux sur l'enfant, nous nous intéresserons ici au besoin de niveau 2, le besoin de sécurité.

---

[3] Abraham Maslow, «A Theory of Human Motivation», *Psychological Review*, no 50, 1943, p.370-396.

CHAPITRE 3

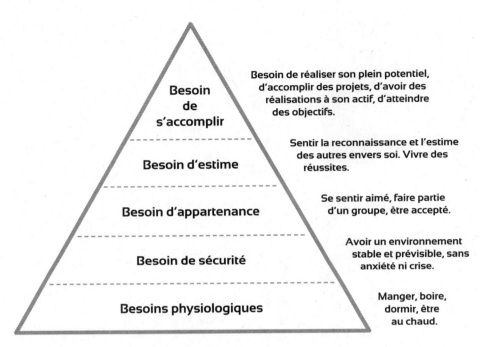

Figure 2 : Pyramide des besoins de Maslow

Le besoin de sécurité apparaît comme étant le besoin le plus important chez l'enfant, une fois que ses besoins primaires et physiologiques ont été satisfaits. Ainsi, une fois qu'il a mangé, qu'il a dormi et qu'il est vêtu, l'enfant est en recherche de sécurité, ce qui implique pour lui de se trouver dans un environnement où il se sent protégé et en confiance. Il doit percevoir son environnement comme étant stable, voire immuable, et exempt de toute menace. Le besoin de sécurité est d'une importance capitale pour l'enfant qui, autrement, se sent désorienté et sans défense par rapport au monde extérieur. On comprendra aisément que même de manière évolutive, pour que l'espèce survive, l'enfant doit être conçu pour rechercher cette sécurité d'instinct. Or, les conflits entre parents compromettent le sentiment de sécurité de l'enfant.

Les conséquences dévastatrices des conflits entre parents

La perte de sécurité

Rappelez-vous des jeux de poursuite de votre enfance (comme la « tague » ou le jeu du loup). Nous avions toujours dans ces jeux un endroit appelé la « base ». C'était un lieu protégé où, selon les règles du jeu, rien ne pouvait nous arriver. Le jeu impliquait de sortir de la base pour aller explorer mais, en cas de danger, il était toujours possible de rejoindre la base pour s'assurer protection et sécurité pendant quelques instants. Nous pouvions y reprendre notre souffle en attendant que la menace soit passée, pour ensuite retourner explorer. Quelle belle métaphore de la vie, n'est-ce pas ?

Le milieu familial devrait représenter la « base de sécurité » de l'enfant. Ce devrait être un endroit où il est protégé, où rien ne peut lui arriver. Comme à la « tague », la vie oblige l'enfant à sortir de sa base périodiquement pour aller explorer. Il va à l'école, va jouer chez des amis, prend son vélo pour aller au parc, etc. Mais si quelque chose tourne mal à l'extérieur, si l'enseignant le punit, si les élèves dans la cour d'école sont méchants, s'il se blesse au parc, l'enfant sait qu'il peut revenir à sa base, à la maison, là où il sera protégé. En sécurité. Il s'y ressource. Il peut ensuite retourner explorer tout en se sentant en sécurité.

Imaginons maintenant que la base devienne en fait l'environnement le plus stressant et le plus menaçant pour l'enfant. L'enfant qui entend ses parents se quereller sur une base régulière vit l'inquiétude constante d'une séparation imminente. Toutes sortes de scénarios peuvent alors occuper son esprit. « Vais-je déménager ? Vais-je perdre ma chambre et mes jouets ? Vais-je perdre un parent ? Vais-je changer d'école ? Vais-je perdre mes amis ? » Et comme il perçoit

CHAPITRE 3

que ses parents sont déjà suffisamment pris dans leurs conflits, l'enfant choisira peut-être de garder ses inquiétudes pour lui et de tenter de les gérer seul. Gérer la menace d'explosion de la cellule familiale, c'est beaucoup demander à un enfant...

Être exposé à des conflits, à de la colère et à des attaques verbales (parfois même physiques) entre parents représente en soi une énorme source de stress et d'insécurité pour un enfant. Même s'il ne pense pas aussi loin qu'une rupture entre ses parents ou même s'il semble se convaincre qu'une rupture serait maintenant une bonne option, le stress quotidien qu'engendrent les conflits peut avoir des conséquences dévastatrices sur lui.

Revenons à la pyramide des besoins de Maslow. L'enfant ne peut s'intéresser aux besoins des niveaux 3, 4 et 5 que si son besoin de sécurité (au niveau 2) est comblé. Or, demander à un enfant d'étudier à l'école pour réussir dans la vie, c'est lui demander de répondre à un besoin de niveau 5, soit le besoin d'accomplissement. Si on lui souligne qu'on est fier de lui parce qu'il travaille bien à l'école, on rejoint un besoin de niveau 4, le besoin d'estime. Cependant, si l'enfant est préoccupé par la sécurité de son milieu familial, ni le besoin d'estime, ni le besoin d'accomplissement ne lui parlent et ne l'intéressent. Que fera alors l'enfant à qui on demande de faire ses devoirs ou d'étudier ? Il s'opposera.

Le bris de l'identité

Les conflits entre parents ont d'autres conséquences terribles pour leurs enfants. Ces conflits risquent d'affecter l'estime de soi et l'identité de l'enfant.

L'identité, c'est ce que nous sommes. C'est la manière dont nous nous définissons comme personne. L'identité inclut nos valeurs, nos croyances, ce que nous percevons comme nos forces et nos qualités, mais aussi ce que nous percevons comme étant nos faiblesses et nos défauts. Si l'identité d'un adulte est relativement stable, celle d'un enfant est en plein développement et se construit avec les années. Il faut comprendre que l'enfant construit son identité en s'inspirant de « figures d'identification » : des personnes qu'il regarde, qu'il admire et à qui il souhaite ressembler. Chez les enfants, les deux principales figures d'identification sont ses parents. L'enfant les aime, il en est fier et il cherche à leur ressembler.

Voici où le bât blesse : puisque l'enfant s'identifie à ses parents et veut leur ressembler, lorsqu'un parent blesse, rabaisse et dévalorise l'autre parent, il détruit du même coup une partie de l'identité de l'enfant. L'enfant perd alors ses repères et son identité s'effrite. Sa faible estime de lui-même pourra engendrer de l'anxiété, mais également de la colère contre ses parents. Encore une fois, devant le parent qui détruit un de ses modèles (c'est-à-dire l'autre parent), il n'est pas surprenant que l'enfant s'oppose et se rebelle.

Les parents qui deviennent des modèles de violence

L'enfant apprend comment interagir avec les autres et comment résoudre ses conflits en regardant ses parents. Éventuellement, c'est ce modèle de résolution de conflit qu'il adoptera pour la vie. Les interactions qu'il observe entre ses parents pourront également lui servir de modèle plus tard, pour ses propres relations amoureuses. Il est d'ailleurs bien documenté que les cycles de violence se répètent au cours de la vie et qu'un enfant violenté ou

CHAPITRE 3

témoin de violence devient souvent un adulte violent ou victime de violence dans son couple.

Lorsqu'il voit ses parents crier et s'insulter, l'enfant apprend qu'il s'agit d'un moyen d'interaction légitime en situation de conflit. Par ailleurs, le fait de se dénigrer entre parents peut aussi entraîner une perte de crédibilité de chacun des parents aux yeux des enfants. L'enfant pensera : « Si un parent ne respecte pas l'autre, pourquoi moi je le respecterais ? » et « Si un parent peut insulter l'autre, pourquoi ne le ferais-je pas moi aussi ? ». Parfois, un enfant qui s'oppose et manque de respect ne fait que reproduire une interaction que les parents mettent bien en évidence.

J'espère avoir démontré à quel point des conflits violents et fréquents entre parents peuvent entraîner des effets dévastateurs chez leurs enfants. Les enfants se sentent en perte de sécurité, leur « base » de protection est compromise, leurs modèles d'identification sont ébranlés et la crédibilité de leurs parents l'est également. La violence (physique ou verbale) devient chez eux une réaction légitime en cas de frustration ou de conflit.

L'idée ici n'est pas d'éliminer les conflits entre parents. Des discussions et des désaccords surviennent inévitablement au quotidien entre deux personnes qui habitent ensemble et qui doivent assumer des responsabilités conjointes. Il peut être bon toutefois de retenir les deux points suivants :

- **Les désaccords et l'argumentation entre parents sont tout à fait acceptables, voire souhaitables. Le dénigrement, la violence verbale ou physique, les insultes et le manque de respect ne le sont pas.**

- **Les conflits entre parents devraient avoir lieu entre parents, c'est-à-dire à un moment et dans un endroit où les enfants n'en seront pas témoins.**

Enfin, je crois fermement que chaque foyer devrait adopter une règle ma foi très claire et très simple, qui impose une limite infranchissable et qui ne laisse aucune place à l'interprétation. Cette règle devrait être répétée et rappelée aussi souvent que nécessaire :

Nous sommes une famille et, dans notre famille, personne n'insulte personne, personne ne frappe personne. Nous nous aimons trop fort pour nous faire du mal.

Nous en reparlerons dans le chapitre portant sur les relations entre frères et sœurs.

Lorsque survient la séparation

Parfois la séparation des parents représente la seule (ou la meilleure) solution à la mésentente et aux conflits. Il va sans dire que lorsque des enfants sont impliqués, la réflexion entourant la séparation des parents ne devrait pas seulement porter sur leur propre bien-être et sur ce qui est bon pour eux, mais devrait inclure le bien-être des enfants. La séparation est une décision des parents que devront subir les enfants. Il fait donc partie de la responsabilité des parents, à mon sens, de prendre la décision qui sera la meilleure, non seulement pour eux-mêmes, mais pour leurs enfants également. Ainsi, la séparation peut parfois représenter la meilleure option pour les

CHAPITRE 3

enfants qui sont soumis à des conflits quotidiens. Cependant, certains parents concluront qu'il vaut mieux travailler leur couple (en thérapie par exemple) afin de permettre aux enfants de continuer de bénéficier d'un milieu familial uni.

Lorsque survient la séparation, il faut s'attendre à une période de réaction de la part des enfants. Ils ne diront pas toujours qu'ils sont tristes ou en colère que leurs parents ne soient plus ensemble, mais leur comportement parle parfois de lui-même. On pourra les sentir plus irritables, plus colériques ou plus facilement au bord des larmes. On pourra surtout les voir devenir plus opposants. Il peut s'agir pour eux d'une bonne façon de punir le parent qu'ils jugent coupable de la séparation. Ils s'opposent, tombent facilement en crise et « le font payer » pour cette décision qui les affecte, mais sur laquelle ils n'ont aucun contrôle.

La séparation des parents est peut-être l'évènement le plus désta-bilisant que peut vivre un enfant (outre bien entendu les évène-ments traumatiques comme une agression sexuelle, le décès d'un parent, les traumatismes de guerre dans certains pays ou autres évènements très bouleversants). Il faut donc une période d'adapta-tion à l'enfant. Ce qui complique la situation est que les parents se retrouvent également eux-mêmes en pleine période d'adaptation, et ce, en même temps que l'enfant. Au cours de cette période, l'at-titude qu'adopteront les parents séparés sera déterminante dans l'apparition — ou pas — d'un trouble d'opposition ou de troubles du comportement chez l'enfant. Il sera important d'être très présent et à l'écoute des enfants et de leur consacrer beaucoup de temps de qualité, tout en les assurant de votre présence et de votre amour. Vous devrez également être capable de continuer à instaurer des règles et à encadrer vos enfants avec autorité lorsque la situation le prescrit. Pour ce faire, vous devrez mettre de côté le sentiment de culpabilité que vous pourriez ressentir envers vos enfants et qui vous amènerait à être plus souple et permissif avec eux pour vous faire pardonner d'avoir brisé la relation avec leur autre parent. Certains parents pourraient être tentés de devenir plus permissifs — trop permissifs — afin de soulager leurs propres angoisses et leur culpabilité.

Vous aurez également **deux enjeux principaux** à affronter pour assurer un sain développement post-séparation de vos enfants :

1. **Établir une coparentalité efficace et harmonieuse;**

2. **Intégrer de nouveaux conjoints (s'il y a lieu) dans le respect de vos enfants.**

La coparentalité harmonieuse

Une fois séparés, les parents ne sont plus des conjoints. Ils n'ont plus à s'aimer et n'ont plus à partager du temps et des activités. Par contre, ils resteront toujours des coparents, et c'est là leur nouveau défi. Être un bon coparent implique d'être capable de s'entendre avec l'autre sur la garde des enfants, non en se basant sur son envie de voir son enfant tous les jours, mais plutôt sur le besoin de l'enfant de garder un contact et un lien solide avec ses parents. C'est également être en mesure de s'entendre sur les règles à imposer à l'enfant et sur les conséquences négatives à imposer en cas de non respect de ces règles. Enfin, c'est être capable d'harmoniser les routines et l'horaire d'une maison à l'autre, mais aussi les demandes faites à l'enfant des deux côtés.

CHAPITRE 3

Les coparents peuvent aussi et surtout s'assurer d'une certaine cohérence dans les méthodes éducatives employées, valoriser la discipline, les règles et les décisions de l'autre parent et surtout éviter le « marchandage de l'amour » avec l'enfant : « Papa est d'accord, alors je préfère aller chez lui ». Il n'y a rien comme le sentiment de pouvoir manipuler ainsi l'un des deux parents pour générer des comportements d'opposition chez l'enfant.

Il faut éviter à tout prix d'offrir à l'enfant l'option de ne pas aller chez l'autre parent ou de lui laisser croire par des mots ou des comportements que les choses se passeront moins bien chez l'autre parent. Cela peut suggérer que l'enfant ne sera pas en sécurité et générer de l'anxiété. Nous avons vu plus tôt que l'insécurité peut être excessivement dommageable pour l'enfant.

Enfin, les coparents éviteront à tout prix de dévaloriser ou d'insulter l'autre parent devant l'enfant, et ce, pour les mêmes raisons que celles exposées plus haut lors des conflits entre parents à la maison. Dévaloriser un parent aux yeux de l'enfant, c'est dévaloriser et rabaisser une partie de l'enfant lui-même.

L'intégration d'un nouveau conjoint ou d'une nouvelle conjointe

Le deuxième enjeu sera l'intégration d'un nouveau conjoint ou d'une nouvelle conjointe — et parfois de nouveaux enfants dans le cas des familles recomposées. Cette intégration ne représente pas une mince tâche si on considère qu'elle implique de nouvelles relations entre plusieurs personnes. Les enfants doivent s'entendre entre eux, mais aussi avec la nouvelle personne — et vice-versa. Je pense qu'il est important de faire cette intégration de manière douce et progressive, dans le respect des enfants et en étant à l'écoute de ceux-ci.

Une des principales questions qui se pose au sein de la famille recomposée est celle de l'autorité du nouveau conjoint (ou de la nouvelle conjointe) avec l'enfant qui n'est pas le sien. Cette personne peut-elle instaurer des règles et faire de la discipline? Le parent est-il le seul à détenir une autorité légitime sur son enfant? Comment éviter l'opposition d'un enfant qui ne reconnaît pas l'autorité de cette personne et qui lui dira : « Tu n'es pas mon père! » ou « Tu n'es pas ma mère! »?

Je propose de considérer ce problème sous un autre angle. Plutôt que de parler de règles éducatives (qui doivent être appliquées par les parents), parlons des règles de la maison. Les règles de la maison sont un ensemble de règles de conduite imposées par les adultes de la maison afin d'y maintenir l'ordre et l'harmonie. Les deux adultes sont titulaires de ces règles et responsables de leur application. Cela permet donc aux deux conjoints d'intervenir de manière légitime auprès de tous les enfants de la maison. Ainsi ils pourront :

- Exiger l'exécution de tâches ménagères afin de garder le domicile propre et ordonné;

CHAPITRE 3

- Intervenir et même punir lors de conflits entre enfants, afin de préserver l'harmonie;

- Exiger le respect et la politesse de chaque enfant entre eux et envers les adultes, toujours afin de préserver l'harmonie dans la maison;

- Instaurer des règles de maison (enlever ses chaussures dans la maison, ne pas manger dans le salon, ne pas jouer au ballon dans le salon, se laver les mains après le repas pour ne pas tacher les murs et les meubles, etc.);

- Veiller à ce que tous ceux qui habitent la maison soient propres, ce qui permet de demander aux enfants de prendre leur bain ou leur douche;

- Demander aux enfants de manger ce qui leur est servi au repas, parce qu'il s'agit du repas de la maison.

En somme, il est possible de reformuler certaines demandes en les présentant comme des « règles de la maison » tout en en laissant d'autres demeurer des « règles éducatives » dont l'application est réservée au parent de l'enfant (par exemple, pour ce qui concerne l'heure du coucher ou la période des devoirs et leçons).

Je vous propose également une autre grande règle en lien avec la capacité du nouveau conjoint à imposer une autorité à l'enfant : le lien doit toujours venir avant l'autorité. Pour qu'une autorité soit perçue par l'enfant comme étant légitime, l'enfant doit sentir qu'il a un lien avec la personne qui l'exerce. Plus le lien sera fort et basé sur la confiance, plus l'autorité de l'adulte sera légitime aux yeux de l'enfant. Ainsi, le nouveau conjoint ou la nouvelle conjointe doit d'abord passer du temps de qualité avec cet enfant qui n'est pas le sien, il/elle doit le valoriser, souligner ses réussites, le soutenir dans des moments plus difficiles et le faire sentir aimé et accepté au sein de cette nouvelle famille recomposée. Ce n'est qu'après avoir installé ce lien que l'autorité du nouveau conjoint ou de la nouvelle conjointe pourra être exercée de façon légitime aux yeux de l'enfant.

« Pense à toi. Prends soin de toi… »

J'aimerais parler un peu ici de ce que je nommerais le courant « Pense à toi, prends soin de toi » typique des années 1980 (et suivantes). Les psychologues ont alors dit, écrit, redit et réécrit à quel point il était important de prendre soin de soi. D'écouter nos besoins et d'y répondre, de se mettre soi-même le masque à oxygène avant de le mettre aux autres… Tout ça partait évidemment d'une bonne intention ! Prendre du temps pour soi, écouter nos envies et nos rêves pour les réaliser. Je le répète : l'intention était bonne et elle le demeure encore aujourd'hui. Il est bon de ne pas se perdre dans l'autre, de savoir mettre ses limites pour ne pas sombrer dans l'épuisement, de savoir se ressourcer pour profiter nous aussi de ce que la vie a de beau à offrir.

Cette idée de « penser à soi » a tellement été populaire qu'elle fait maintenant partie d'un certain vocabulaire commun. Elle a fait son chemin dans la société. J'aimerais aujourd'hui la compléter avec une deuxième idée tout aussi importante. Quelque chose comme : « Pense à toi, c'est important, mais n'oublie pas tes responsabilités envers ceux que tu aimes, qui t'aiment et qui comptent sur toi ».

Ainsi, on voudra éviter que l'idée de penser à soi et de prendre soin de soi ne mène à des raisonnements comme les suivants :

- « Je n'irai pas rendre visite à ma mère à l'hôpital, ça me brise trop le cœur de la voir comme ça. Il faut que je pense à moi. »

- « J'ai retiré mes enfants de leurs cours de natation, c'était trop tôt le samedi matin. Ça leur a fait de la peine, mais il faut bien que je pense à moi... »

- « Je ne suis pas allé aider notre ami Simon à déménager la semaine dernière. Tu sais, André devait être là et j'ai vraiment de la difficulté à le supporter. J'ai décidé de penser à moi et de me respecter dans tout ça. »

Comprenons-nous bien. C'est très bien de prendre soin de soi! Mais pas au détriment de nos responsabilités morales envers nos parents, nos enfants, nos amis... et même de ceux que nous servons dans le cadre de notre travail. Penser à soi, oui, mais aussi assumer ses responsabilités! Surtout comme parent.

Pourquoi parler de tout cela ici, dans un livre portant sur l'opposition chez l'enfant? Parce qu'il s'agit selon moi d'un enjeu majeur à la suite d'une séparation. Penser à soi dans ce moment éprouvant ou assumer ses responsabilités de parent? Malheureusement, à ce moment précis, ces deux options entrent parfois en conflit.

En fait, en situation de séparation, je dirais que le moment où l'on a pensé à soi, c'est le moment où l'on a décidé de se séparer. J'exclus évidemment les situations plus extrêmes de violence conjugale ou de maltraitance car, dans ces situations, la séparation n'est pas un choix, mais une décision qui s'impose. Je parle de toutes les autres situations qui mènent à une séparation et pour lesquelles le raisonnement ressemble à quelque chose comme : « Je ne suis plus heureux(se) dans mon couple, nous ne sommes plus sur la même longueur d'ondes, je ne ressens plus d'amour, ça ne peut plus continuer comme ça ». À ce moment, prendre la décision de se séparer, c'est penser à soi, respecter ce que l'on ressent, se protéger et prendre soin de soi. Parfois, c'est effectivement la meilleure option.

Mais il est essentiel de réaliser qu'il s'agit d'une décision imposée aux enfants. Une décision qui limite leur accès à un parent lorsqu'ils sont chez l'autre parent. La séparation peut imposer un changement de quartier, et donc un éloignement des amis, lors des changements de garde. L'adulte va rebâtir sa vie et son nid dans une autre maison où il se posera. L'enfant pour sa part devra apprendre à vivre dans deux environnements plutôt qu'un seul. Enfin, la séparation impose également souvent aux enfants de se soumettre à de nouvelles figures d'autorité qu'ils n'auront pas choisies (les nouveaux conjoints) et, dans le cas des familles recomposées, de partager leur milieu de vie avec de nouveaux enfants.

Au moment où le parent désire refaire sa vie avec un nouveau conjoint ou une nouvelle conjointe, il aura également à se poser les questions, parfois complexes, qui suivent :

- « Est-ce que je présente mon nouveau conjoint à mes enfants ? Est-ce que j'emménage avec lui ? »

- « Ma nouvelle conjointe et moi avons tous deux des gardes partagées de nos enfants une semaine sur deux. Est-il préférable de regrouper les enfants des deux familles pendant la même semaine ou l'inverse ? »

- « Est-il raisonnable de déménager dans une autre région et d'éloigner les enfants de leur autre parent ? »

La réponse à ces questions devrait donc se baser sur les besoins et le bien-être des enfants impliqués. Il peut être tentant de faire entrer un nouveau conjoint dans notre vie et de le présenter rapidement aux enfants. Par contre, si les enfants sont toujours ébranlés par la séparation, s'ils vous en veulent pour celle-ci, ils ne sont peut-être pas prêts à subir le choc de voir, par exemple, leur mère remplacée par une étrangère aux côtés de leur père.

Il peut aussi être tentant de grouper les enfants des deux familles afin de former une grande famille recomposée une semaine sur deux. Cela offre également aux parents une semaine sur deux de répit, sans enfant. Par contre, les enfants ont probablement besoin de temps privilégié avec chaque parent pour reconsolider le lien suite à la séparation. Cela est surtout vrai pour les enfants anxieux, qui peuvent avoir besoin de quelques mois (voire quelques années) avant d'être prêts à intégrer de nouveaux enfants dans la famille et d'accepter que ces enfants étrangers accapareront une part de l'attention de leur parent.

Enfin, il peut être tentant pour le parent séparé de retourner vivre près de ses parents à lui, là où il a grandi, ou bien de rejoindre un nouveau conjoint qui habite loin. Un tel déménagement installe une distance entre les deux parents, ce qui rend la garde partagée bien difficile. Les enfants peuvent alors être déracinés et coupés d'un parent pendant la majeure partie de l'année. Inutile de mentionner que l'enfant peut alors perdre son lien, sa complicité et son identification avec le parent éloigné.

En somme, j'invite les parents à garder en tête que si les besoins de l'enfant ne cadrent pas avec leurs plans de vie, c'est à eux de s'ajuster pour leur enfant, et non l'inverse. D'ailleurs, des décisions basées uniquement sur les envies du parent et qui briment les besoins de sécurité ou d'appartenance de l'enfant risquent fort d'entraîner des crises et de l'opposition (ce qui me paraît fort justifié de la part de l'enfant !).

Gérer l'opposition due à des conflits entre parents

Ce chapitre portait donc sur l'opposition des enfants provoquée par les conflits qui surviennent entre parents. On peut maintenant se demander comment gérer l'opposition d'un enfant qui réagit aux conflits entre ses parents.

Honnêtement, rien de vraiment efficace ne peut être fait tant que les parents sont ouvertement en guerre ou en conflit devant l'enfant. Selon moi, ce n'est pas tant sur l'opposition qu'il faut travailler, mais sur les causes qui se trouvent à la source des comportements difficiles. Dans ce cas-ci, travailler l'opposition, l'agressivité et l'impolitesse d'un enfant ne mènera à rien s'il continue de voir ses parents se dénigrer et se manquer de respect. Je crois donc fermement que ce sont les parents qui doivent travailler sur eux-mêmes, mais aussi sur leur relation de couple ou sur leur coparentalité (après une séparation). L'apaisement du conflit entre parents devrait, à moyen ou à long terme, entraîner la diminution des comportements agressifs et opposants des enfants.

Dans certains cas, des parents maintiennent leurs interactions conflictuelles pendant plusieurs années après la séparation. Les conflits sont constamment réactivés et peuvent aller jusqu'à des procédures devant les tribunaux. Dans ce contexte, on peut comprendre qu'un enfant vive beaucoup de colère, d'insécurité et de conflits de loyauté envers l'un ou l'autre de ses parents. Les enfants peuvent alors développer des troubles d'opposition, des troubles de comportement, des troubles de l'humeur et des difficultés scolaires pouvant laisser croire à la présence d'un TDAH. Il faut plutôt comprendre que ces enfants s'opposent parce qu'ils souffrent, parce qu'ils sont en colère.

CHAPITRE 4
L'opposition pour prendre sa place dans la fratrie

> Nul ami tel qu'un frère;
> nul ennemi comme un frère...
>
> — Proverbe indien

Avez-vous déjà réalisé que, pour un enfant, la personne avec qui il passe le plus de temps au quotidien est souvent son frère ou sa sœur? Les frères et sœurs se voient matin et soir, ils vont à la même école, ils passent les fins de semaine et les vacances ensemble, ils jouent ensemble et ils dorment parfois dans la même chambre.

Considérant cela, il est normal que les interactions entre frères et sœurs soient souvent parmi les plus intenses et que celles-ci puissent être sources d'accrochages et de conflits. Dans ma pratique, je dirais que les enjeux liés à la fratrie font très fréquemment partie des problèmes des jeunes qui s'opposent et pour qui les parents consultent. Il m'apparaît donc essentiel d'explorer cette question afin de mieux comprendre les causes sous-jacentes aux comportements d'opposition.

CHAPITRE 4

La cause de la cause...

Vous avez peut-être commencé à lire ce livre directement par ce chapitre en vous disant que les relations entre frères et sœurs font certainement partie du problème dans votre demeure. Cependant, si vous avez commencé votre lecture à la première page, vous êtes probablement d'accord maintenant pour dire que l'important n'est pas d'agir sur le comportement, mais plutôt d'en trouver la cause afin d'intervenir plutôt sur celle-ci. (Le fait de remonter à la source du problème pour en trouver la cause me semble à ce point important que je risque d'en reparler à plusieurs reprises, vous m'en excuserez !)

Vous comprendrez donc qu'il m'apparaît nécessaire ici de remonter le fil encore un peu plus loin. Si l'on croit que certains comportements d'opposition d'un enfant peuvent être en lien avec des conflits dans la fratrie, pour bien intervenir, il faut maintenant se poser la question suivante : quelle est la cause de ces conflits entre frères et sœurs ? On cherche donc à trouver ce qui cause les conflits, qui eux-mêmes causent l'opposition. La cause de la cause !

Voici mes réflexions à ce sujet. Les enjeux entre frères et sœurs sont souvent le reflet d'un long combat pour faire sa place dans le cœur des parents et pour s'assurer de leur amour. « Ma sœur réussit mieux à l'école et mes parents sont fiers d'elle ? Ça veut dire que mes parents aiment plus ma sœur que moi. » « Mon frère a reçu le plus gros cadeau pour son anniversaire ? Ça veut dire que mes parents l'aiment plus que moi. » « C'est moi qui se fait punir plus souvent ou plus sévèrement, ça veut dire que je suis le moins aimé de la famille. » Voilà le type de pensées qu'entretiennent vos enfants. Voilà également ce à quoi plusieurs réagissent lorsqu'ils sont en conflit avec leur frère ou leur sœur.

Si vous avez plusieurs enfants, vous connaissez probablement très bien le concept de justice (et surtout d'injustice!). Ce concept est central dans nombre de conflits et de crises chez les enfants. « Ce n'est pas juste, vous êtes allés au restaurant avec mon frère pendant que j'étais chez mon ami! » « Ce n'est pas juste, ma sœur a le droit de faire ça et pas moi! » Ces perceptions d'injustice sont importantes pour l'enfant parce qu'elles le blessent de deux manières. En premier lieu, l'enfant a l'impression qu'il a été privé d'un plaisir dont son frère ou sa sœur bénéficie et, en second lieu, l'enfant perçoit que le parent lui préfère celui qui a bénéficié du privilège. Ici encore, le réel enjeu est de s'assurer de l'amour des parents. C'est fondamental!

Les enjeux selon la position dans la fratrie

Bien qu'ils soient élevés dans la même maison, par les mêmes parents, et qu'ils fréquentent souvent la même école, les enfants d'une fratrie vivent des expériences différentes, qui peuvent forger des traits de caractère différents. Également, dans leur combat pour une place dans le cœur des parents, la position dans la fratrie amène des enjeux différents.

L'aîné

L'aîné de la famille possède l'avantage de bénéficier des privilèges du plus grand. Parce qu'il est plus avancé en âge, il est souvent le meilleur de la fratrie dans un peu tous les domaines. Il lit mieux, fait des calculs plus rapidement, dessine mieux, court plus vite, lance plus

CHAPITRE 4

fort, manie mieux un ballon, etc. Cela le valorise et ses parents sont fiers de lui grâce à des accomplissements qu'il est constamment le premier à réaliser. Certaines études démontrent d'ailleurs que pour cette raison, plusieurs parents ont tendance à croire, parfois à tort, que leur premier enfant est plus intelligent que les suivants. Ces parents ont tendance à oublier la différence d'âge et à comparer ce qu'accomplit leur aîné à ce que les suivants sont capables de faire, mais à un âge inférieur. Les parents qui entretiennent cette perception risquent de la transmettre dans la famille par leurs actions ou leurs commentaires, ce qui peut être très dommageable pour les autres enfants de la fratrie.

Mais attention. Si ces quelques années d'avance sur les autres en-fants peuvent représenter un avantage pour obtenir de la valorisa-tion de la part des parents, c'est tout le contraire qui peut se produire en cas de trouble d'apprentissage. Par exemple, l'enfant dyslexique qui a du mal à apprendre à lire et à écrire pourrait être rendu en qua-trième année du primaire (CM1 en France) et commettre des fautes d'orthographe sur des mots qu'il devrait maîtriser depuis deux ou trois ans. Qu'arrivera-t-il si son petit frère de deux ans son cadet commence à avoir un meilleur niveau de lecture que lui et à le corri-ger sans arrêt ? Quel coup dur pour l'orgueil et l'estime de soi ! L'aîné pourra alors vivre de la colère liée au fait qu'il se sent incompétent et, par conséquent, moins digne d'être aimé de ses parents que le petit frère ou la petite sœur qui réussit si bien en classe.

Par ailleurs, l'aîné a été celui qui a vécu l'arrivée des autres enfants dans la famille et qui a dû apprendre à partager l'amour des parents qu'il avait auparavant pour lui tout seul. Il est le seul à avoir goûté à l'amour exclusif des parents et à devoir ensuite en faire le deuil. L'aîné peut sentir, surtout à la naissance du second enfant, qu'il perd ses parents et que ceux-ci n'ont plus suffisamment de temps à lui consacrer. Il est alors possible qu'il développe une rivalité avec son frère ou sa sœur. L'aîné aura donc tendance à s'opposer afin qu'on lui consacre autant de temps et d'amour que ce qu'il perçoit qui est offert aux plus petits de la famille. Parfois, il s'opposera parce qu'il aura l'impression d'avoir perdu l'amour des parents au profit des plus jeunes.

Les études démontrent que les parents sont souvent plus sévères avec l'aîné de la famille et qu'ils lui imposent souvent plus de restrictions et des conséquences plus sévères lorsque celui-ci brise les règles (surtout à l'adolescence). Les parents semblent vouloir utiliser l'aîné comme modèle pour les plus jeunes et s'assurer que ces derniers comprennent bien quelles pourraient être les conséquences s'ils transgressent les règles. Une discipline plus sévère auprès de l'aîné risque de décourager les cadets à emprunter le même chemin. L'aîné doit donc vivre également avec cette « inégalité », ce qui peut entraîner rébellion et opposition.

Si les parents se séparent, l'aîné est souvent celui qui ressentira le coup le plus durement. L'aîné est celui qui aura connu les parents le plus longtemps ensemble. Il est également celui qui est le plus apte, à cause de son âge, à comprendre et à réaliser les impacts et les conséquences de la séparation, mais aussi à se projeter dans l'avenir et à s'inquiéter de l'incertitude que la séparation peut installer. Il est susceptible d'être l'enfant qui réagira le plus fortement, mais pas toujours sur le coup : cela pourrait arriver quelques mois ou quelques années plus tard.

Enfin, l'aîné représente un modèle pour ses frères et sœurs. S'il développe des comportements d'opposition, à moyen ou à long terme, ceux-ci risquent de contaminer les plus jeunes, qui chercheront à adopter les mêmes comportements.

L'enfant du milieu (enfant sandwich)

L'enfant du milieu est celui qui a à se battre le plus fort pour faire sa place et pour obtenir sa part du gâteau de l'amour et de la fierté des parents. Il n'a jamais connu l'amour exclusif des parents mais, avec l'arrivée d'un autre enfant, il perd un rôle qui lui avait été attribué : celui du bébé de la famille. Soudainement, il n'est plus l'enfant tout mignon, qui fait rire par ses manières enfantines, que l'on chérit comme le bébé de la famille et à qui tout le monde accorde son attention. Ce rôle est réattribué au plus jeune. Il n'est pas non plus, n'a jamais été et ne sera jamais l'aîné, celui qui trace le chemin, celui à qui on attribue des responsabilités, « le grand » de la famille. Mais qui est-il alors ?

Elle est là toute la question pour l'enfant du milieu. D'emblée, il n'a aucun rôle assigné qui le définit et qui lui assure une place au sein de la famille. Il est donc à la recherche d'une identité et d'un rôle qui lui appartient en propre. Il est fréquent que les conflits surviennent avec l'enfant plus jeune, soit celui qui lui a « volé » sa place. L'enfant du milieu peut chercher à s'opposer afin de créer lui-même sa place. Son opposition reflète ce qu'il revendique : « Regardez-moi, je suis là! Moi aussi, j'existe! ». Ses comportements d'opposition lui assurent un rôle dans la fratrie : celui de l'enfant qui a du caractère et qui s'affirme. Et surtout, l'opposition lui assure une part de l'attention des parents.

Le benjamin (ou le petit dernier)

On l'appelle le bébé de la famille, ce qui vient aussi avec des avantages. On est souvent moins sévère avec le plus jeune qu'on ne l'a été avec l'aîné. On le « chouchoute » davantage et on peut avoir tendance à vouloir le garder dans un rôle de petit. Il a souvent besoin de plus de soins et d'attention que les autres membres de la fratrie, qui sont plus autonomes en raison de leur âge.

Le benjamin peut chercher à s'opposer afin de sortir de ce rôle de bébé dans lequel les parents tentent (un peu inconsciemment) de le garder. Le benjamin cherche à avoir autant de liberté que les autres enfants et à être considéré comme un grand lui aussi.

Parfois, le benjamin peut également développer une pensée digne d'un enfant roi, à qui tout le monde doit tout. Cet enfant, contrairement aux autres de la fratrie, n'a jamais eu à diviser l'amour que ses parents lui donnent avec un nouvel enfant qui arrive. Le benjamin a souvent été élevé par des parents un peu plus matures, bien installés professionnellement dans leur vie et plus à l'aise financièrement que lorsqu'ils ont eu les plus jeunes de la famille. Le benjamin baigne souvent dans l'abondance : il bénéficie des anciens jouets des aînés en plus des nouveaux cadeaux qu'il reçoit lors des fêtes et des anniversaires. À force de recevoir un peu tout ce qu'il veut avant même de le désirer, à force de recevoir plus d'attention et moins d'encadrement que les aînés, le petit de la famille peut intégrer l'idée qu'il est spécial et que pour lui, tout est permis. Il refusera peut-être alors de participer aux tâches de la maison, de partager ou de se soumettre à des consignes qui lui déplaisent. (Le profil de l'enfant roi est décrit plus en détails au chapitre 7.)

CHAPITRE 4

Le rôle de la fratrie : comme au cinéma !

Le cinéma hollywoodien nous a habitués à toutes sortes de clichés. L'un d'entre eux semble particulièrement tenace : celui du héros gentil qui doit combattre un super vilain très méchant... Ces deux personnages souvent très polarisés suscitent de fortes émotions chez le spectateur. Le héros est beau, fort, courageux, altruiste et... il gagne toujours à la fin. Le méchant est souvent moins beau, hypocrite, lâche, égocentrique... (vous avez deviné : il perd à la fin). On aime le héros, on déteste le vilain. Mais le plus important, c'est que l'un n'existe pas sans l'autre. Le héros ne sert à rien s'il n'y a pas de vilain, et le vilain ne nous ferait pas tant réagir si nous n'avions pas d'abord pris le parti du héros. Il ne peut pas y avoir deux héros, ni deux vilains. Lorsqu'un rôle est pris, le prochain acteur devra auditionner pour l'autre rôle.

Quel est le lien avec le trouble de l'opposition chez l'enfant ? Eh bien, cette trame hollywoodienne à succès se reproduit parfois au sein de votre famille, dans la fratrie. Lorsqu'un enfant présente un comportement sage et obéissant et qu'il réussit facilement à l'école, cela le place naturellement dans la position du héros à la maison. On le félicite pour ses succès, on souligne ses bons comportements, on le serre dans nos bras en s'exclamant à quel point on est fier de lui et on le récompense par des privilèges. L'autre enfant de la fratrie, s'il présente une personnalité plus téméraire, s'il oublie les consignes plus souvent ou s'il réussit moins facilement, regarde le héros (son frère ou sa sœur) et constate qu'il ne pourra jamais atteindre ce standard. Il ne lui sert à rien d'auditionner pour le rôle de héros dans la famille, celui-ci étant déjà pris par un autre qu'il se sait bien incapable de déloger. Ainsi, pour avoir une place aussi importante dans sa famille, il ne lui reste plus qu'à pencher vers le rôle du vilain. Il devient alors tout le contraire de l'autre. Désobéissant, excité, désagréable. Si l'enfant constate qu'il ne peut obtenir l'amour de ses parents par la réussite, il obtiendra au moins leur attention par l'échec. Il est bien plus valorisant d'obtenir une réaction forte des parents parce qu'on a mal fait quelque chose que d'obtenir une réaction tiède parce qu'on a bien fait, mais pas aussi bien que le héros. Dans un film, celui qui fait seulement « bien » est relégué au second rôle (ou pire, à la figuration!). Aucun enfant ne veut jouer les seconds. Le rôle du méchant devient donc une avenue intéressante pour obtenir un rôle principal. Évidemment, tout ceci se passe bien inconsciemment (et même insidieusement) et peut prendre plusieurs mois ou années... Mais, graduellement, les rôles se campent, se polarisent et chaque enfant agit en accord avec son personnage.

Comme parent, il peut être utile d'avoir cette métaphore en tête pour renverser la vapeur. Comment peut-on donner un premier rôle positif à l'enfant opposant? La réponse dépend de chaque enfant. Il faut voir dans quoi cet enfant est fort. On pourra par exemple exagérer nos félicitations et l'attention qu'on prête à l'enfant opposant dans le sport, s'il y excelle davantage que l'enfant héros. On pourra également souligner quels traits de sa personnalité le rendent unique et lui confèrent une place bien à lui dans la famille. Par exemple, « Ah! Elle, c'est notre petite drôle! Elle nous fait tellement rire! » ou bien « Lui, c'est notre scientifique, il s'intéresse aux planètes et nous apprend toutes sortes de choses nouvelles! ».

Parfois, une consultation avec un intervenant peut aider à établir un plan d'action permettant de revaloriser positivement l'enfant opposant (et ainsi le sortir de son rôle de vilain).

CHAPITRE 4

La violence dans la fratrie

La violence entre frères et sœurs. Voici un sujet qui me tient particulièrement à cœur. Je suis souvent complètement atterré par le niveau de violence qui est toléré par les parents au sein de la fratrie. Lorsque je rencontre des parents à mon bureau, je demande toujours comment se passent les relations entre frères et sœurs à la maison. On me répond souvent quelque chose comme : « Bah, vous savez, ce sont des frères et sœurs. Parfois, ils s'entendent bien, parfois, ils se disputent... ». Mais lorsque j'investigue davantage et que je leur demande ce que signifie « se disputer », j'entends toutes sortes de révélations, dont certaines sont troublantes.

Parlons tout d'abord des disputes dites « normales ». Ces disputes surviennent souvent lorsqu'un enfant ne veut pas partager un jeu avec un autre, lorsqu'il ne souhaite pas jouer au même jeu que l'autre ou lorsqu'il n'a pas suivi les règles du jeu. Elles peuvent aussi arriver lorsqu'un enfant perd à répétition dans un jeu et qu'il se fâche. Il y a aussi les fois où un enfant juge que c'est son tour d'avoir le verre de Superman au repas, mais qu'il se le fait prendre par son frère. Vous voyez : il s'agit de petites déceptions, de petites frustrations qui font que le ton monte et que les voix se font plus geignardes : « Mamaaaaan ! Anasthasia ne veut jamais me prêter ses figurines ! », « C'est pas vrai ! C'est Éliam qui fait n'importe quoi ! Je ne veux plus jouer avec lui ! ». Pour moi, ceci est une dispute normale. De courte durée, ce genre de conflit porte sur une mésentente concrète. Aucun coup n'est porté, il n'y a aucune attaque personnelle dans les mots utilisés. Aucune insulte non plus, rien qui puisse causer une blessure à long terme. Le parent aide ses enfants à régler leur différend et l'harmonie revient. Le reste du temps, les frères et sœurs s'aiment et recherchent la compagnie l'un de l'autre.

Par contre, il arrive parfois que le conflit dégénère. Je pense ici aux enfants qui se frappent, se poussent et cherchent à se faire mal physiquement. Je pense également aux enfants qui profèrent des insultes et des grossièretés. Dans certaines fratries, ces paroles sont quotidiennes et gratuites. « T'es gros, tu pues, débile » (et j'en passe). Ces mots blessent et donnent naissance à des interactions marquées par l'intimidation et les conflits. Les enfants qui présentent un trouble d'opposition et de provocation agressent parfois physiquement ou verbalement leurs frères et sœurs. (J'ai observé que la plupart du temps, ils ont un « souffre-douleur favori ». Pauvre lui !) Et dans la plupart des cas, ils agissent ainsi de manière non provoquée, simplement pour créer un conflit. Un jeune m'expliquait lui-même qu'il lance des insultes à son frère ou lui donne un coup de poing sur l'épaule lorsqu'il est tranquille et que tout est calme dans la maison, simplement pour provoquer de l'action et des réactions. Pour qu'on s'occupe de lui, en somme.

Les coups et les insultes sont souvent banalisés par les parents, qui prétextent que ce sont des interactions normales et des conflits normaux dans une famille. Permettez-moi de donner mon avis sur cette question : il n'y a rien de normal ou de banal lorsque deux personnes se crient des insultes ou se frappent. Ce n'est pas normal entre deux adultes, ce n'est pas normal entre deux enfants à l'école et ce n'est pas normal non plus entre frères et sœurs à la maison.

Pensez-y. Accepteriez-vous que quelqu'un vous crie de telles insultes dans votre quotidien ? Accepteriez-vous que quelqu'un vous frappe ? Non ! Pourquoi serait-ce moins grave lorsque cela survient entre frères et sœurs ?

Les adultes sont de plus en plus sensibilisés à la question de l'intimidation à l'école. Plusieurs milieux scolaires ont des plans d'action bien établis lorsque survient de l'intimidation entre deux enfants et le message aux enfants est celui de la « tolérance zéro » en ce qui concerne l'agressivité verbale ou physique à l'école. Pourquoi penser que les choses seraient différentes entre frères et sœurs ?

Non seulement cette idée n'est pas logique, mais la violence et l'agressivité dans la fratrie peuvent induire des conséquences psychologiques chez les enfants. Une étude de la psychologue Corinna Jenkins[4] publiée en 2013 confirme qu'il n'y a rien de banal dans les agressions entre frères et sœurs. Sa recherche a démontré que les enfants qui subissent des agressions verbales ou physiques de la part de leurs frères ou de leurs sœurs vivent la même détresse psychologique que les enfants victimes d'intimidation à l'école. On parle ici de symptômes traumatiques comme l'anxiété, la perte d'estime de soi, un faible sentiment d'efficacité personnelle, une impression d'impuissance et même des pensées dépressives.

Comme parent, vous êtes le gardien et le protecteur de l'intégrité et de la dignité de vos enfants. Votre rôle est de les protéger et de vous dresser devant les agresseurs. Ceci inclut leurs frères et leurs sœurs. Vous devriez intervenir rapidement et de manière non équivoque aussitôt que cette ligne est franchie par un enfant.

4 Corinna Jenkins Tucker et al.(2013), Association of Sibling Aggression With Child and Adolescent Mental Health, *Pediatrics,* vol 132, no 1, p. 79-84.

Un enjeu pour la vie

Revenons à l'enjeu principal, soit celui pour chacun des enfants de la fratrie d'obtenir sa juste place dans le cœur des parents. Cet enjeu m'apparaît à ce point central que j'irais jusqu'à dire qu'il dure toute la vie. Les haines entretenues entre les frères et sœurs devenus adultes trouvent souvent leur source dans cette perception d'inégalité dans l'attention et l'amour qu'un parent a accordés à un enfant par rapport à un autre membre de la fratrie.

Même à l'âge adulte, on souhaite que nos parents nous accordent autant d'attention qu'à nos frères et sœurs. Des tensions apparaissent dans le cas contraire : lorsque les parents semblent plus investis pour aider un des enfants à s'établir dans la vie, par exemple. Quand il est question de l'amour des parents, l'enjeu de justice et d'égalité n'est pas qu'un enjeu d'enfants. Il demeure souvent toute la vie...

Gérer l'opposition dans la fratrie

Voici quelques recommandations à garder en tête afin d'éviter la jalousie et les conflits, sources d'opposition.

- S'il y a une notion à retenir absolument dans la gestion des relations dans la fratrie, c'est bien celle de justice et d'égalité. Si un de vos enfants a un comportement plus opposant ou dérangeant et qu'il semble vouloir s'en prendre à son frère ou à sa sœur, demandez-vous s'il y a une situation dans votre vie qui fait que vous accordez moins d'attention à cet enfant, que vous le félicitez moins souvent ou que vous lui offrez moins de votre temps.

- Valorisez l'importance des frères et des sœurs auprès de vos enfants. Expliquez-leur régulièrement la chance qu'ils ont de pouvoir compter sur un frère ou une sœur pour le restant de leur vie. Valorisez les comportements de partage et les petites attentions d'un enfant envers l'autre.

- Donnez un rôle positif à chaque enfant de la fratrie. L'un peut être le grand responsable, celui à qui on confie des responsabilités, un autre peut être le petit joueur de tours, celui qui égaie la maison par sa bonne humeur et ses blagues, un autre peut être l'enfant plus doux et émotif, auprès de qui on aime se coller et s'apaiser, un autre peut être le sportif grâce à qui toute la famille s'active et un autre enfin peut être l'habile lecteur, qui lit des histoires à ses jeunes frères et sœurs et qui leur donne goût à la lecture. Il s'agit simplement de trouver une qualité dominante et positive chez votre enfant et de le valoriser pour cette qualité.

- Imposez des conséquences punitives immédiates et systématiques lorsqu'un enfant frappe ou insulte son frère ou sa sœur. On peut l'envoyer immédiatement et sans discussion en retrait dans sa chambre, par exemple. Des méthodes punitives sont expliquées au dernier chapitre de ce livre. À titre d'exemple, la méthode du retrait de jetons fonctionne bien pour intervenir chaque fois qu'un enfant frappe ou insulte. La méthode progressive du calendrier (page 207) pourrait également être appliquée auprès d'enfants qui se querellent, se frappent et s'insultent pratiquement tous les jours.

CHAPITRE 5
L'opposition chez l'enfant anxieux

> Craignez les anxieux. Le jour où ils n'auront plus peur, ils seront les maîtres du monde.
>
> — Tonino Benacquista, écrivain et scénariste

L'évolution des espèces, au cours des millénaires, nous a fait cadeau de cette émotion : l'anxiété. Pendant longtemps, nos ancêtres ont vécu dans la nature, sous la menace de prédateurs ou de rivaux qui mettaient quotidiennement leur vie en danger. L'anxiété est le signal d'alarme que nos ancêtres, comme les animaux d'ailleurs, ont développé afin de les mettre en état d'alerte devant un danger imminent. Cet état d'alerte vise à préparer le corps à l'une des options suivantes, essentielles à notre survie : se figer, fuir ou se battre. Le corps réagit alors de diverses manières :

- Les battements cardiaques et la respiration s'accélèrent, les vaisseaux sanguins se contractent. Cela fait augmenter le flux sanguin afin d'oxygéner les muscles et de préparer le corps à courir ou à se défendre. Cela peut éventuellement occasionner des maux de tête à l'enfant anxieux.

- L'estomac se contracte (ce qui entraîne des maux de ventre ou des vomissements). Le corps élimine l'énergie consacrée à la digestion pour consacrer son énergie à affronter la menace perçue.

- La sudation commence (d'où les mains moites). La sudation a pour objectif de refroidir les muscles qui devront travailler lors de la réponse « fuir ou se battre ».

- Les pupilles se dilatent (et les yeux s'ouvrent bien grands) afin de bien percevoir la menace.

Évidemment, nous n'avons plus vraiment de prédateurs de nos jours. Par contre, l'enfant peut avoir des rivaux qui menacent son intégrité physique. L'enfant rencontre également des menaces plus abstraites, mais bien réelles pour lui. Par exemple, la peur d'échouer un examen, la peur de se faire punir par un enseignant, la peur de perdre ses parents, la peur des conséquences négatives s'il contrevient à une règle ou à une consigne, etc. Devant ces peurs et ces menaces « contemporaines », le cerveau de l'enfant réagit avec les mêmes mécanismes d'alerte que ses ancêtres.

Ainsi, bien qu'aujourd'hui l'anxiété et le stress soient plutôt considérés comme des problèmes à traiter, il faut se rappeler que ces réactions ont probablement été nos meilleures alliées pour survivre.

Lorsque l'enfant ressent une menace (réelle ou imaginée), l'amygdale s'active et déclenche une série de réactions dans le cerveau et dans tout le corps. Cela amène l'enfant à ressentir la peur ou l'anxiété. (Attention à la confusion : on ne parle pas des amygdales situées au fond de la gorge, mais bien d'un groupe de neurones assemblés en forme de sphère au centre du cerveau.) Les principales hormones de la peur sont l'adrénaline, sécrétée dans tout le corps par les glandes surrénales (au-dessus des reins), et la noradrénaline, sécrétée par le cerveau. Il s'agit à la fois d'hormones (sécrétées dans le sang pour agir à distance sur un autre organe) et de neurotransmetteurs (sécrétés entre deux neurones afin de permettre au premier neurone de transmettre son message au second neurone). L'adrénaline et la noradrénaline sont les messagers. Leur objectif est de mettre tout le corps en état d'alerte et d'initier la réponse intuitive.

Les sources d'anxiété chez l'enfant

Plusieurs situations de vie peuvent générer de l'anxiété chez les enfants. En voici quelques-unes.

Parmi les principales sources d'anxiété chez l'enfant (et c'est la même chose chez l'adulte), il y a premièrement **les menaces directes à l'intégrité physique ou psychologique.** Il s'agit de toute situation où l'enfant a l'impression que sa sécurité est compromise. (Voir à ce sujet la pyramide des besoins au chapitre 3.) Dans cette situation, l'enfant se retrouve dans la même situation que nos ancêtres lorsqu'ils devaient assurer leur survie. Voici quelques exemples de situations qui génèrent de l'anxiété :

L'intimidation

Les enfants qui vivent de l'intimidation développent presque toujours de l'anxiété en raison de la menace qui pèse constamment sur eux. Ils ont l'impression que l'avenir est sans espoir et ils présentent souvent des signes de dépression. Les recherches montrent que les enfants intimidés développent à long terme une faible estime de soi ainsi qu'un faible sentiment d'efficacité personnelle (sentiment d'être efficace pour contrôler ce qui nous arrive).

Les conflits entre parents et les séparations

Nous avons discuté au chapitre 3 de l'importance de l'harmonie familiale. Les conflits parentaux et les séparations houleuses sont des menaces à l'intégrité de l'enfant, qui peut avoir l'impression qu'il pourra perdre un parent à tout moment en raison du conflit. Ceci est excessivement troublant et anxiogène pour un enfant qui sent qu'il a besoin de la protection et de l'amour de ses deux parents.

La violence dans la fratrie

Nous avons également vu au chapitre 4 l'importance pour l'enfant de sentir qu'il a sa place dans la fratrie. La compétition entre frères et sœurs peut parfois (trop souvent je dirais) être assortie de violence physique ou verbale, et parfois même déboucher sur de l'intimidation. Cette violence est trop souvent tolérée par les parents qui la banalisent en se disant : « Bah, c'est comme ça entre frères et sœurs ».

La négligence parentale et un attachement parent-enfant insécure

Un enfant qui sent l'indifférence de ses parents et pour qui les besoins de base ne sont pas comblés pourra développer un attachement insécure envers ses parents. Le manque de soins, d'intérêt et d'amour offerts par les parents empêche l'enfant de se sentir en sécurité pour explorer le monde. Il peut alors développer différents troubles anxieux.

Une autre catégorie importante de situations générant de l'anxiété chez l'enfant est celle des **grands changements**. Certains de ces changements se veulent pourtant positifs et sont considérés comme de bonnes nouvelles, mais ils n'en restent pas moins très déstabilisants pour l'enfant qui doit les affronter. En voici quelques-uns :

Le début d'une nouvelle année scolaire

Chaque début d'année scolaire implique une nouvelle classe, un nouveau groupe d'enfants et un nouvel enseignant. Il s'agit également d'un grand changement de rythme et d'horaire, entre les vacances d'été et le retour à la routine de l'école et des devoirs.

Un changement d'école

Un changement d'école est encore plus stressant pour l'enfant, surtout s'il doit s'intégrer à des groupes d'enfants déjà formés. Le passage du primaire au secondaire implique à la fois un changement d'école et le début d'une nouvelle année scolaire. Il peut s'agir d'une période de stress plus intense pour certains enfants plus vulnérables à l'anxiété.

Un déménagement

Un déménagement peut également déstabiliser l'enfant. Il devra laisser derrière les lieux qu'il connaît et le sécurisent et se créer de nouveaux repères dans un nouvel environnement.

Un séjour dans un autre pays

Certains parents, pour le travail ou par envie d'exploration, choisissent d'aller passer un séjour prolongé à l'étranger. Il s'agit souvent d'une expérience riche pour les enfants, qui seront exposés à d'autres cultures et parfois même à une autre langue. Mais avec un tel projet rempli de promesses de découvertes viennent aussi quelques difficultés. Les enfants qui ont une personnalité plus anxieuse, plus sensible et plus émotive présentent le risque d'être déstabilisés par l'anxiété que suscite un tel déracinement. Ils peuvent avoir de la difficulté à s'adapter, soit à l'aller, soit au retour.

La maladie d'un parent

Lorsqu'un parent est atteint d'une maladie qui impose une hospitalisation, un arrêt de travail ou des traitements réguliers, cela peut déstabiliser de façon importante le milieu familial. Les enfants peuvent entretenir des inquiétudes quant à la maladie du parent. Ils peuvent également être déstabilisés par les changements de routine que l'absence (physique ou psychologique) du parent implique.

■■■

Enfin, une dernière grande catégorie de stresseurs pour les enfants que j'aimerais aborder ici est celle des **demandes et exigences de performance envers l'enfant**. Ces demandes viennent habituellement des parents ou du milieu scolaire.

Des exigences trop élevées des parents

Les parents qui en demandent toujours plus à leur enfant croient bien faire. Ils pensent motiver leur enfant et l'amener à la réussite. Par contre, certains enfants développent des symptômes d'anxiété de performance lorsqu'ils sentent qu'ils n'arriveront pas à atteindre les standards de performance fixés par leurs parents. Attention donc aux parents qui en demandent toujours plus et qui ne sont jamais satisfaits du rendement de leur enfant.

Les exigences élevées d'un milieu scolaire performant

Certains parents souhaitent que leur enfant fréquente la meilleure école disponible. « Meilleure école » signifie souvent une école qui pousse davantage les apprentissages et qui stimule davantage les enfants. Pour certains enfants, les exigences élevées de ces écoles sont génératrices d'anxiété et de préoccupations constantes.

L'enfant atteint d'un trouble d'apprentissage

L'enfant qui n'apprend pas comme les autres est quotidiennement confronté à des difficultés scolaires. Il devient rapidement conscient de son incompréhension et ne s'explique pas toujours pourquoi il est incapable d'accomplir ce que l'enseignante demande, alors que tous ses camarades y parviennent. Cet enfant peut alors se dévaloriser et développer une anxiété scolaire.

Les traits de personnalité

Ainsi, l'enfant peut vivre de l'anxiété en raison de stresseurs présents dans sa vie. Mais pourquoi certains enfants développent-ils de graves problèmes d'anxiété au contact de ces stresseurs alors que d'autres passent au travers sans subir d'impact important ?

Plusieurs explications sont possibles. La première tient à la présence de facteurs protecteurs dans la vie de l'enfant (par exemple, des parents aimants, un bon groupe d'amis, des sphères de valorisation comme les sports, les arts ou la réussite scolaire). Par ailleurs, au-delà du vécu de l'enfant, l'anxiété pourrait aussi dépendre d'une variable génétique. Si vous repensez aux premiers mois et aux premières années de vie de votre enfant, il est fort probable que vous ayez rapidement été en mesure d'observer des traits de personnalité qui perdurent à l'âge scolaire et souvent toute la vie. Ces traits seraient innés et ce sont eux qui rendraient les enfants d'une même fratrie parfois très différents, malgré qu'ils aient été exposés aux mêmes méthodes d'éducation et aux mêmes évènements de vie. La personnalité anxieuse d'un enfant le rendrait donc beaucoup plus vulnérable aux différentes épreuves et aux différents stresseurs présentés plus haut.

Ces enfants plus vulnérables à l'anxiété sont souvent décrits comme ayant les traits de personnalité suivants :

- Ils sont plus émotifs, plus sensibles, plus facilement au bord des larmes ;
- Ils sont doux et pacifiques, rarement à l'origine de conflits, sauf lorsqu'ils sont envahis par l'anxiété ;
- Ils respectent les règles à la lettre et voient comme une catastrophe le fait de se faire punir ou de se faire reprendre par un parent ou un enseignant ;

- Ils sont perfectionnistes et peuvent perdre beaucoup de temps à peaufiner des petits détails dans un devoir ou un examen;

- Ils sont souvent plus réservés, voire timides;

- Ils ne cherchent pas les sensations fortes;

- Ils entretiennent souvent différentes petites peurs (peur des insectes, par exemple);

- Ils ont de la difficulté à faire des choix;

- Ils sont intimidés par les figures d'autorité plus fermes, strictes, hiérarchiques et autoritaires. Ils peuvent se figer par exemple devant un professeur ayant ce type d'approche.

Si ces traits de personnalité peuvent indiquer un facteur de risque, ils ne représentent évidemment pas nécessairement un chemin direct vers un trouble anxieux. Certains enfants qui présentent ce type de personnalité, exposés à un environnement de vie sécurisant, aimant et apaisant, ne développeront jamais d'anxiété significative. Inversement, certains enfants qui ont une personnalité plus affirmative et confiante développeront tout de même de l'anxiété en raison, par exemple, d'évènements de vie générateurs d'anxiété (comme ceux décrits précédemment).

Il arrive que la personnalité anxieuse de l'enfant soit génétiquement héritée d'un parent qui présente cette même vulnérabilité. Dans ce cas, attention! L'enfant vulnérable à l'anxiété absorbera souvent comme une éponge l'anxiété de son parent, et le parent, de la même façon, absorbera l'anxiété de son enfant. Cette dynamique fait boule de neige dans les interactions parent-enfant et l'anxiété de l'un nourrit l'anxiété de l'autre. Il appartient alors au parent de mettre un frein à cette escalade en contrôlant lui-même son anxiété en présence de l'enfant — ou en recourant à une aide professionnelle pour apprendre à gérer cette émotion.

CHAPITRE 5

L'opposition chez l'enfant anxieux

Nous avons donc défini ce qu'est l'anxiété chez l'enfant et quelles peuvent en être les causes. Mais quel est donc le lien entre l'anxiété et le sujet de ce livre, l'opposition ?

Ce qu'il faut comprendre, c'est que l'enfant anxieux cherche à se protéger de l'anxiété. Il recherche donc la sécurité. Cette recherche de sécurité est un puissant motivateur, ancré dans les besoins les plus primaires de l'enfant. Ainsi, si on confronte cette recherche de sécurité et de protection, on pourra rencontrer de violents comportements de résistance de la part de l'enfant. Dans cette recherche de sécurité, l'enfant adoptera deux grands types de comportements susceptibles d'entraîner de l'opposition et de la confrontation : 1) il va se replier de façon rigide dans sa routine sécurisante ou 2) il va chercher à tout prix à éviter ce qui fait augmenter l'anxiété en lui.

L'enfant anxieux recherche généralement les situations qu'il maîtrise bien. Il sera bien « dans ses vieilles pantoufles », c'est-à-dire dans les routines qu'il connaît, qu'il peut anticiper, qui sont prévisibles et sans surprises. Puisqu'il sait à quoi s'attendre, il ne risque rien. Cela apaise son anxiété. Cet enfant préférera souvent jouer seul à la maison, dans ses affaires, plutôt que d'appeler des amis pour jouer avec eux. Sachant que ces enfants sont poussés par une force qui les maintient dans ce qui leur est connu pour les protéger, l'opposition et la confrontation viendront donc au moment où les parents annonceront un imprévu ou une nouveauté. Si le petit Alix avait prévu passer une journée de fin de semaine dans le confort de sa chambre ou de sa salle de jeu et que ses parents annoncent une sortie en famille ou un souper chez des amis, il est probable qu'il réagisse de manière négative. Il répondra alors qu'il ne veut pas y aller et les parents ne comprendront pas pourquoi il s'oppose à une sortie en famille qui se veut pourtant agréable. L'enfant dira qu'il préfère jouer avec ses figurines, il prétextera qu'il est fatigué ou qu'il a soudainement mal au ventre, bref, il tentera de convaincre ses parents de changer d'idée. Plus les parents insisteront, plus la réaction de protection sera forte. Si Alix accepte de se soumettre au plan de ses parents, il restera tout de même aux prises avec son anxiété et ne pourra profiter de la sortie comme ses parents le souhaiteraient. Il pourrait alors adopter un comportement désagréable, qui pourrira la sortie pour tout le reste de la famille. Nous avons tous déjà entendu des parents dire (parfois avec un certain découragement) que leur enfant a bougonné tout le long de leurs vacances en famille. Un voyage représente un grand changement de routine et beaucoup de nouveauté. Il est possible que cela occasionne beaucoup trop d'émotions fortes et d'insécurité pour un enfant anxieux.

L'enfant anxieux résistera avec encore plus de vigueur à une situation qui l'oblige à faire face directement aux causes qui sont à la source de son anxiété. Ainsi, l'enfant anxieux en raison d'échecs scolaires répétés aura tendance à s'opposer à l'heure des devoirs. Il deviendra irritable et opposant la veille d'un examen, par exemple. Celui qui vit de l'intimidation deviendra opposant si on l'incite à aller à une fête d'amis où les enfants intimidants seront également présents. L'enfant qui est anxieux à l'idée de commencer une nouvelle année scolaire deviendra opposant et irritable dans les semaines précédant la rentrée, ainsi qu'au cours des premières semaines suivant celle-ci. En somme, l'opposition chez l'enfant anxieux n'est pas continue : elle survient par phases, en fonction des évènements de vie stressants ou apaisants.

Les enfants pour qui le vase est toujours plein

Nous connaissons tous l'expression « la goutte qui fait déborder le vase ». Cette expression est utilisée pour signifier que nous avons été en mesure d'accepter des irritants et de tolérer des frustrations pendant un certain temps, mais qu'à un certain moment, le « vase » est plein : le prochain irritant, aussi mineur soit-il, risque de nous faire perdre le contrôle et de nous pousser à réagir très fortement. Cette métaphore reflète très bien les capacités de gestion émotive de l'enfant anxieux. L'enfant qui vit du stress, de l'insécurité et des inquiétudes au quotidien est constamment en train de gérer ses émotions et ses réactions. En d'autres mots, son vase est toujours plein! On peut avoir l'impression qu'un rien déclenche des crises de colère ou de larmes démesurées chez cet enfant mais, en fait, il ne réagit pas seulement à l'évènement banal qui vient de se produire, mais bien à tout ce qui a nourri son anxiété au cours de la journée et qui a « rempli son vase ». L'évènement banal n'est que la goutte qui provoque la réaction.

Il s'agit d'ailleurs d'un message très important à retenir : un enfant qui fait une crise pour une banalité vit probablement autre chose « en dessous ». C'est cette autre chose qu'il faut découvrir et sur laquelle il faut intervenir. Pensez-y : notre réaction typique de parent est de punir l'enfant en lui disant par exemple qu'il est intolérable de faire une crise simplement parce qu'il ne reste plus de son savon préféré pour le bain. Ce faisant, on passe alors complètement à côté des réelles causes de la crise, comme une mauvaise note à l'école ou des commentaires blessants de la part d'un autre enfant.

L'ange à l'école, le démon à la maison

Votre enfant a-t-il ce profil? Absolument sage, poli et respectueux des règles et des consignes à l'école, mais explosif, émotif, opposant et facilement en larmes à la maison? Il s'agit d'un profil souvent présent chez les enfants anxieux. Comme expliqué précédemment, l'enfant anxieux cherche à respecter les règles et les consignes à tout prix et il serait catastrophique pour lui de se faire prendre en défaut. Dans un environnement insécurisant comme l'école, ce genre d'enfant essaie à tout prix de passer « sous le radar ». Il adopte des comportements exemplaires afin d'éviter d'être pris en défaut. Chez l'enfant qui vit des inquiétudes, cette belle apparence de docilité est associée à un coût élevé. L'enfant doit se contenir activement et retenir ses envies normales de bouger ou de parler à ses camarades. Il doit également gérer ses inquiétudes et ses préoccupations toute la journée. Une fois l'école terminée, lorsqu'il revient à la maison — donc dans un environnement sécuritaire — l'enfant relâche tous ses mécanismes rigides d'autocontrôle. Il peut alors exploser de rage ou pleurer exagérément devant le premier irritant. L'aspect rassurant ici est que l'enfant considère son milieu familial comme suffisamment sécuritaire et aimant pour se permettre de se laisser aller sans crainte de conséquences catastrophiques.

CHAPITRE 5

Gérer les comportements d'opposition provoqués par l'anxiété

Si vous reconnaissez votre enfant dans le profil présenté aux pages précédentes, vous pouvez tenter les approches et les interventions suivantes. Il s'agit en fait de reconnaître l'anxiété comme cause des comportements d'opposition et d'intervenir plutôt sur ce plan.

Instaurer une période de relaxation au retour de l'école

L'enfant anxieux vit des inquiétudes et des préoccupations tout au long de sa journée à l'école. Il s'inquiète de l'opinion des autres, de sa performance à la dictée ou au contrôle de mathématiques, de se faire rappeler à l'ordre par son enseignante... Ces inquiétudes sont excessivement coûteuses en énergie pour l'enfant. Il s'épuise à devoir gérer les pensées qui viennent et reviennent dans sa tête. L'enfant anxieux est souvent plus sujet aux larmes, qu'il tente de contrôler en classe. Cela lui demande beaucoup d'efforts et d'énergie également. À la fin de la journée, le vase de l'enfant anxieux est toujours plein et la moindre goutte risque de le faire déborder. À son arrivée à la maison, l'enfant anxieux est donc susceptible d'exploser à la moindre contrariété et ainsi d'entrer en opposition et en confrontation avec son parent.

Sachant cela, on comprend que pour diminuer les crises et l'opposition, une bonne approche sera d'offrir du temps et de l'espace pour permettre à l'enfant de faire redescendre la pression accumulée pendant la journée et pour renouveler son énergie et sa capacité à gérer les frustrations. On veut permettre à l'enfant de s'apaiser avant de lui formuler une nouvelle demande. Avec un enfant qui a tendance à faire de l'anxiété, je recommande donc de prévoir une période de 30 à 60 minutes au retour de l'école pendant laquelle on ne lui formule aucune demande. On le laisse se reposer et « décanter ». Pendant cette période, l'enfant peut regarder une émission de télévision, manger une petite collation, jouer dehors, jouer sur une tablette électronique, lire, écouter de la musique, utiliser les réseaux sociaux (si ceux-ci ne sont pas générateurs de stress supplémentaire), etc. On évite de lui donner des tâches : de toute façon, il n'est pas vraiment en état pour répondre à des demandes de ce type. On évite de lui demander de vider sa boîte à lunch, de nous aider à dresser la table ou de faire ses devoirs tout de suite en arrivant. Quand on y pense, on réalise que la vie de nos enfants, du lever au coucher, est souvent une suite de demandes : «Go, go, go! Fais ceci, fais cela! Vite, dépêche-toi!». Une pause au retour de l'école permet d'apaiser le tourbillon quotidien et de se redonner la patience et les capacités pour poursuivre ensuite avec la routine du soir.

Aménager un coin pour la relaxation dans la chambre de l'enfant

Un espace peut être aménagé dans la chambre de l'enfant afin de l'aider à s'apaiser lorsqu'il sent l'anxiété l'envahir. Cet espace pourrait être équipé de la façon suivante :

- Un gros pouf de type « bean bag ». Il s'agit d'un gros coussin posé directement au sol, qui épouse la forme de l'enfant lorsqu'il s'y assoit. Les enfants aiment l'effet apaisant d'enveloppement que procure ce coussin.

- Une couverture douce. La chaleur et la douceur qu'elle procure apportent également un effet apaisant.

- Un lecteur de musique afin de permettre à l'enfant d'écouter des pièces qu'il aime.

- Des bandes dessinées, des livres ou des revues que l'enfant aime.

- Une lampe permettant de tamiser l'éclairage. Les lampes à lave (« lava lamp ») permettent à l'enfant de fixer son attention sur le mouvement lent et apaisant du liquide contenu à l'intérieur.

- Des plumes suspendues par des ficelles au plafond, au-dessus du pouf. On enseigne à l'enfant à souffler sur les plumes. Cela crée un mouvement apaisant en plus d'obliger l'enfant à prendre des respirations profondes (qui ont également un effet apaisant).

Laisser l'enfant se retirer

Si un enfant cherche lui-même à s'évader d'une situation de conflit en se retirant dans sa chambre, par exemple, on peut le laisser faire. Il s'agit d'une façon très saine de gérer sa colère ou son anxiété avant de poursuivre les interactions. On évite donc de lui ordonner de revenir ici ou de changer d'attitude. On évite également de commenter s'il marche bruyamment en se retirant ou s'il ferme la porte de sa chambre un peu fort. On le laisse gérer ses émotions par le retrait et on évite d'alimenter le conflit.

Passer du temps avec l'enfant, avoir du plaisir

L'enfant anxieux a besoin de sentir un lien chaleureux et aimant avec ses parents. Il a besoin de se sentir aimé et de sentir qu'il a sa place au sein de la famille et dans le cœur de ses parents. Il a donc particulièrement besoin que ses parents lui consacrent du temps et qu'ils passent des moments heureux ensemble. Alors, soyez présents, jouez avec vos enfants, faites des activités avec eux et organisez des petites sorties de fin de semaine en famille à l'occasion. Surtout, amusez-vous en famille. Jouez-vous des tours, faites des blagues et riez tous ensemble. Le fait de ressentir cette ambiance enjouée et décontractée apaisera beaucoup l'enfant anxieux.

Gérer l'opposition de manière empathique

L'enfant anxieux a besoin de se sentir écouté et compris. C'est exactement ce qu'on peut faire en utilisant la gestion empathique de l'opposition. Cette technique est décrite en détails plus loin (aux pages 193 à 205) et fonctionne particulièrement bien avec les enfants anxieux.

Privilégier le contact physique

Le contact physique est une puissante méthode de consolidation du lien parent-enfant et d'apaisement pour l'enfant (et même pour le parent, je dirais!). Vous pouvez vous coller avec votre enfant devant la télévision, caresser ses cheveux ou son dos, lui offrir des baisers et des câlins et même initier des jeux de combat où vous l'emprisonnerez dans vos bras...

Confronter l'anxiété graduellement

Tous les psychologues vous le diront : pour faire diminuer l'anxiété, il faut confronter l'anxiété. Cela doit être fait graduellement et l'enfant peut être accompagné, mais il doit affronter ses peurs.

Le réflexe chez la personne anxieuse en est un de protection : il cherche à éviter ce qui génère son anxiété. L'enfant qui présente une anxiété de performance se plaindra de maux de ventre les jours d'examen et cherchera à éviter d'aller à l'école. L'enfant qui souffre d'anxiété sociale refusera d'aller au parc aux heures où il pourrait rencontrer d'autres enfants. L'enfant qui souffre d'anxiété d'anticipation refusera les situations de nouveauté (comme des vacances à l'extérieur de la maison) parce qu'il craindra l'inconnu.

Dans tous les cas, il faut amener l'enfant à confronter ce qu'il craint. Il faut lui faire vivre des succès et l'aider à réaliser qu'il est capable d'affronter la situation qui lui fait peur. On peut, par ailleurs, accompagner et accommoder l'enfant pour que cette confrontation se fasse graduellement. Par exemple, on pourrait offrir à l'enfant anxieux à l'idée de faire un exposé oral devant toute la classe de le faire seulement devant l'enseignant et cinq ou six de ses meilleurs camarades de classe. Pour l'enfant qui est anxieux à chaque rentrée scolaire, on pourrait organiser une rencontre préalable avec la nouvelle enseignante et une visite du local de classe afin de le sécuriser avant le grand jour. L'enfant anxieux par rapport aux examens pourrait bénéficier de plus de temps afin de s'assurer que les limites de temps ne génèrent pas plus d'anxiété. Bref, divers accommodements sont possibles afin d'amener l'enfant à confronter (progressivement bien sûr) la situation qui l'inquiète et à vivre des réussites dans cette situation.

Regagner du terrain sur l'anxiété

J'aimerais vous faire part de l'image qui me vient en tête lorsque je parle d'anxiété. Je vois cette émotion comme une espèce de masse gluante qui prend de plus en plus de place, qui envahit et qui paralyse toujours de plus en plus de sphères dans la vie d'une personne. Tant qu'on ne lui impose pas un cadre et des limites, tant qu'on ne la confronte pas pour la faire reculer, l'anxiété avance et progresse, ce qui amène l'individu à se replier de plus en plus dans l'évitement et dans ses zones de sécurité. L'anxiété ne s'arrête pas, elle progresse et envahit.

Pour illustrer mes propos, je vous donne l'exemple de la petite Camilia, 7 ans. Cet exemple parlera sûrement à plusieurs parents. Alors qu'elle vivait différentes situations de stress dans sa vie, Camilia, qui avait de la difficulté à s'endormir le soir, demanda à ses parents de lui installer une toute petite veilleuse dans sa chambre, parce que la noirceur lui faisait peur et qu'elle vivait de l'anxiété. La petite lumière de la veilleuse permettait donc l'évitement du noir. L'évitement est le processus par lequel l'anxiété prend le dessus sur nous et gagne du terrain. Ainsi, au bout de quelques semaines, Camilia demanda également, en plus de sa petite veilleuse, à laisser la lumière de son garde-robe allumée pendant la nuit. Puis, elle insista également pour que la porte de sa chambre reste ouverte et que la lumière du corridor reste elle aussi allumée le temps qu'elle s'endorme. Vous voyez comme l'anxiété prend toujours plus de place? Mais ce n'était pas tout. Camilia ne voulait plus non plus descendre toute seule au sous-sol de la maison. Une belle salle de jeu s'y trouvait, mais elle avait peur de la noirceur. Un parent devait donc l'accompagner et allumer la lumière pour elle chaque fois qu'elle désirait récupérer un jouet. Au coucher, Camilia voulut ensuite qu'un de ses parents reste avec elle pour s'endormir. Ensuite, elle demanda à s'endormir dans le lit de ses parents parce qu'elle n'arrivait plus à s'endormir seule dans sa chambre. À un certain moment, elle en vint à passer toutes ses nuits dans le lit de ses parents. Par ailleurs, Camilia était également devenue une enfant plus difficile, qui faisait plus facilement des crises, puisqu'elle vivait constamment avec cette tension qui gagnait de plus en plus de terrain en elle, qui l'envahissait chaque jour davantage.

Voilà pourquoi il est important de confronter l'anxiété. Il faut lui mettre des balises pour éventuellement la faire reculer. On veut regagner du terrain sur l'anxiété, reprendre possession des espaces que cette masse gluante a envahi en nous. Avec Camilia, nous avons travaillé à faire reculer l'anxiété en l'aidant à reprendre progressivement possession du sous-sol. Les parents ont organisé des chasses au trésor en cachant des bonbons dans la salle de jeu. Camilia devait donc explorer et fouiller un peu partout dans cette salle. La première fois, ce fut en présence d'un parent. La fois suivante, le parent demeura à distance (en haut de l'escalier) et ensuite, il resta disponible tout en s'installant ailleurs dans la maison. Cette activité agréable permit à Camilia de reprendre le contrôle de cet espace dont elle se privait à cause de l'anxiété. Ses parents l'ont bien sûr félicitée! Camilia était bien fière. Elle s'est sentie plus forte et elle a appris qu'elle était compétente pour confronter ses peurs. Nous avons également aidé Camilia à surmonter sa peur du noir dans sa chambre par la méthode progressive du calendrier (voir le chapitre à cet effet). Au terme de ces interventions, en plus d'avoir repris possession de sa chambre et de sa salle de jeu, Camilia s'est sentie de plus en plus compétente pour affronter ses peurs. Plus forte et plus confiante, elle savait qu'elle avait réussi à repousser l'anxiété. Elle traversait alors ses journées de manière beaucoup plus détendue et apaisée et elle adoptait davantage de comportements positifs à la maison.

Sensibiliser son enseignant ou son enseignante à l'importance de cultiver la chaleur et la complicité

La réussite scolaire de l'enfant anxieux est très influencée par le lien qu'il pourra établir avec son enseignant ou son enseignante. Il est fascinant de voir à quel point les résultats scolaires de ces enfants varient d'une année à l'autre selon le type de personne qui leur enseigne.

Ces enfants doivent se sentir à l'aise — et même se sentir aimés des gens qui les entourent. Pour avoir accès à leur vrai potentiel, ils ont souvent besoin d'une personne douce et chaleureuse, capable d'établir un lien particulier et complice avec eux. L'enseignant ou l'enseignante qui aura la délicatesse de s'intéresser à l'enfant, à ses loisirs, à ses idoles, tirera le meilleur de l'enfant anxieux. Celui qui pourra mettre une main sur l'épaule de l'enfant et le féliciter de ses réussites, lui glisser des mots d'encouragement à l'oreille et lui donner des surnoms affectueux saura faire tomber ses craintes. L'enfant se sentira alors dans un environnement sécuritaire où il pourra offrir ce qu'il a de mieux.

Inversement, la personne très attachée à la discipline et à la hiérarchie risque de créer une montée des défenses anxieuses de l'enfant. Celui-ci sera paralysé par la peur de cette personne et sera moins bien disposé à apprendre en classe. Pourtant, un enseignant ou une enseignante ayant une approche autoritaire et encadrante aura du succès avec l'enfant hyperactif ou opposant. Dans les relations humaines, tout est question de compatibilité!

L'inciter à faire de l'activité physique

L'activité physique oblige la respiration profonde, ce qui aide à la régulation de l'anxiété. Le fait de dépenser de l'énergie physique amène également un sentiment de bien-être tout à fait salutaire pour l'enfant anxieux. Enfin, les succès sportifs favorisent l'estime de soi de l'enfant — et donc la diminution de l'anxiété.

Commencer un suivi en psychologie ou en psychoéducation

À partir de l'âge de 8 ans environ, les enfants peuvent bénéficier de séances de psychothérapie visant la gestion de l'anxiété. Des méthodes très concrètes peuvent être enseignées à l'enfant au cours de ces séances, comme des méthodes de relaxation, des méthodes d'imagerie mentale et des méthodes de prise de conscience du moment présent.

CHAPITRE 5

Les habiletés d'affirmation de soi et les habiletés sociales peuvent également être travaillées avec l'enfant lors de ces séances.

Faire attention à votre propre anxiété

Vous savez quoi ? L'enfant absorbe l'anxiété de ses parents comme l'éponge au contact de l'eau. L'enfant anxieux sent l'anxiété autour de lui, il sent la tension chez ses parents, il décode les soupirs et les mouvements d'impatience. Il ressent l'inquiétude d'un parent qui le retient ou qui multiplie les baisers et les câlins pour retarder le moment du départ vers l'école ou vers la maison de l'autre parent (dans le cas des parents séparés). L'enfant anxieux décode tout cela et nourrit sa propre anxiété de celle de ses parents.

Cette tendance à se montrer surprotecteur part évidemment d'une bonne intention (protéger son enfant), mais peut avoir des impacts négatifs sur l'enfant, qui peut alors devenir anxieux et perdre confiance en lui-même. Laissez vos enfants affronter la vie et ses petites embûches. Ils les surmonteront — et ils en seront fiers ! Et puis... ce sont des expériences de vie ! Il faut les vivre !

Si cet exemple vous parle, si la séparation est aussi difficile pour vous qu'elle l'est pour votre enfant, essayez l'approche suivante. Écrivez d'avance le script des gestes et des paroles que vous adopterez au moment de la séparation. Ça peut ressembler à quelque chose comme ceci :

- J'arrive à la garderie et je sors de la voiture avec Sammy. J'entre avec lui à l'intérieur;

- Je me penche à sa hauteur pour lui faire un gros câlin, je le serre dans mes bras;

- Je lui dis : « Oh, que je t'aime fort mon grand, passe une belle journée, on se revoit ce soir »;

- Je continue à le serrer dans mes bras en comptant dans ma tête jusqu'à trois;

- Je me relève, je lui fais un « high five » et je pars.

Vous devez préparer ce scénario d'avance et vous tenir très précisément et exclusivement à celui-ci une fois sur place. Cela évite de faire durer de longues séparations que l'enfant pourrait interpréter comme étant tristes et anxiogènes.

Je vous laisse avec une réplique savoureuse du populaire film pour enfants *Le Monde de Nemo,* de Disney-Pixar. Dans ce film, Marlin, le père anxieux et surprotecteur du petit Nemo, parle de son fils à son amie Doris, un peu naïve :

Marlin. – Je n'ai pas réussi à tenir mes promesses. J'avais juré qu'il ne lui arriverait jamais rien...

Doris. – Dis donc, tu fais de drôles de promesses...

Marlin. – Pourquoi ?

Doris. – Bah, si tu fais en sorte qu'il ne lui arrive jamais rien... il risque de ne jamais rien lui arriver ! Il va s'ennuyer, le petit Nemo !

CHAPITRE 6
L'opposition neurologique

chez l'enfant ayant un trouble du déficit de l'attention avec ou sans hyperactivité (TDAH) ou un syndrome de Gilles de la Tourette (SGT)

> Paradoxalement, sans autocontrôle, on ne peut être libre.
>
> — Russell A. Barkley (1949 -), neuropsychologue

L'auteur de la citation en exergue, Russell Barkley, est un neuropsychologue américain. Il travaille auprès d'enfants atteints du TDAH et d'enfants opposants. Je dirais qu'il est pour moi un maître à penser, un des professionnels de mon domaine ayant le plus influencé ma compréhension du TDAH et du trouble oppositionnel. Je me permets donc de le citer une deuxième fois :

> « Certains facteurs neurologiques contribuent à l'autocontrôle, à la force de volonté, à l'éducation et à l'évolution. Lorsque ces systèmes du cerveau ne fonctionnent pas adéquatement (...), les niveaux normaux d'autocontrôle et de volonté sont impossibles [à atteindre]. »

(Traduction libre)

CHAPITRE 6

Barkley souligne donc ici le fait bien démontré par la science que certaines structures du cerveau sont responsables de la capacité d'autocontrôle et de gestion de l'impulsivité. De la même manière qu'il est possible d'être paralysé d'un côté du corps après un accident vasculaire cérébral touchant les aires du cerveau responsables de la motricité, il est également possible d'être incapable d'autocontrôle et de gestion de l'impulsivité si les aires du cerveau responsables de ces fonctions sont atteintes. Chez l'enfant, cette incapacité peut être la conséquence d'un retard de développement de certaines régions du cerveau. Ce retard cause alors le même problème qu'une lésion, c'est-à-dire que les régions du cerveau atteintes fonctionnent moins efficacement.

Il faut savoir que le cerveau se développe, en règle générale, de l'arrière vers l'avant. Les régions frontales, situées tout à l'avant du cerveau, sont donc les dernières à se développer. C'est dans ces régions que se trouvent les structures responsables de l'autocontrôle et de l'inhibition de l'impulsivité. C'est le « filtre » dont nous avons déjà parlé en introduction de ce livre. Alors que l'arrière du cerveau se développe relativement tôt (avant l'âge de 5 ans), le développement de la partie frontale a plutôt lieu entre 6 et 9 ans.

Le TDAH

Le trouble du déficit de l'attention avec ou sans hyperactivité (TDAH) est précisément un retard de maturation spécifique des aires frontales du cerveau. Ce trouble est donc d'origine neurologique et affecte de 5 à 7 % des enfants à travers le monde. Plusieurs recherches s'appuyant sur des méthodes d'imagerie du cerveau (un peu comme des radiographies du cerveau) ont permis de démontrer l'aspect neurologique du TDAH. Il a ainsi été démontré que les enfants ayant un TDAH présentent des aires frontales de surface et de volume inférieurs à ceux de leurs pairs. Il a également été démontré que les portions frontales de leur cerveau sont moins actives (consomment moins d'oxygène et de glucose) que celles de jeunes qui n'ont pas de TDAH. Les structures du cerveau responsables de la rêverie se désactivent moins bien chez l'enfant ayant un déficit d'attention lorsqu'il doit se mettre à la tâche. En somme, les recherches ne laissent maintenant plus de doute : le TDAH est un syndrome développemental et neurologique. Pour ceux qui ont besoin de le voir pour le croire, voici un aperçu de l'étude de Philip Shaw et de son équipe de chercheurs.

En 2007, l'équipe de Shaw[5] a publié une étude dans laquelle ils comparent le développement du cerveau d'enfants qui ont un TDAH au développement du cerveau d'enfants faisant partie d'un groupe contrôle (qui n'ont pas de TDAH). Pour ce faire, ils ont posé à la surface du crâne des enfants des électrodes capables de mesurer l'épaisseur du cortex du cerveau, sous le crâne. Plus le cortex est épais dans une région, plus les connexions neuronales du cerveau sont développées dans cette région et plus cette région est efficace pour remplir sa fonction.

---

[5] Philip Shaw et al. (2007) Attention-deficit/hyperactivity disorder is characterized by a delay in cortical maturation, PNAS, vol 104, no 49, p. 19649–19654.

CHAPITRE 6

Les images qui suivent montrent une vue en plongée de cerveaux d'enfants de 5 ans, comme si on regardait le dessus de la tête. Plus la zone est foncée, plus le cerveau est développé.

ENFANTS DE 5 ANS

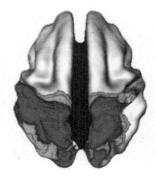 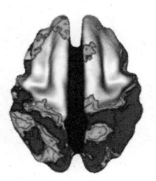

TDAH   Groupe contrôle (sans TDAH)

Figure 3a : Épaisseur corticale chez des enfants de 5 ans avec et sans TDAH (selon l'étude de Shaw et al. 2007)

On voit ici qu'à l'âge de 5 ans, le cerveau d'un enfant atteint du TDAH et celui d'un enfant du groupe contrôle se ressemblent beaucoup. La partie arrière (partie du bas dans l'image) est relativement bien développée dans les deux cas, alors que la partie frontale (partie du haut) n'a que peu ou pas débuté sa maturation. Une amorce de développement de la partie frontale est perceptible seulement chez les enfants du groupe contrôle.

Nous verrons à la page suivante ce qui se passe à l'âge de 9 ans.

ENFANTS DE 9 ANS

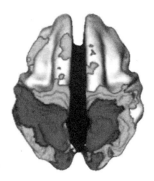
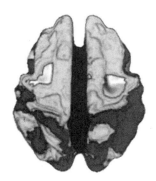

TDAH   Groupe contrôle
          (sans TDAH)

Figure 3b : Épaisseur corticale chez des enfants de 9 ans avec et sans TDAH (selon l'étude de Shaw et al. 2007)

Les résultats ici sont spectaculaires. À 9 ans, le cerveau des enfants du groupe contrôle montre une maturation bien avancée des aires frontales, situées à l'avant. Des connexions importantes se sont faites entre les neurones au sein des aires frontales, ce qui fait que les capacités d'attention et d'autocontrôle sont bien fonctionnelles pour ces enfants. Cependant, le cerveau des enfants atteints de TDAH ressemble à peu de choses près à celui des enfants de 5 ans. Le développement des aires frontales accuse un retard important chez ces enfants, qui ne disposent donc pas des ressources neurologiques pour se concentrer et pour rester en contrôle d'eux-mêmes comme le font leurs compagnons du même âge.

Ainsi, lorsque le système neuronal ne fonctionne pas adéquatement, l'enfant n'a pas le contrôle et la volonté nécessaires pour effectuer ce que les autres enfants arrivent à faire en termes d'attention à la tâche et de maîtrise de soi.

CHAPITRE 6

> **L'opposition chez l'enfant qui vit avec un TDAH**

Le TDAH est donc un syndrome neurologique et développemental qui s'accompagne de plusieurs symptômes pouvant être à l'origine de comportements d'opposition. Voici les quatre principales causes de l'opposition chez l'enfant atteint du TDAH.

1. Le manque de filtre

La principale difficulté des enfants qui présentent le volet hyperactivité, c'est leur impulsivité. Ils bougent beaucoup et doivent constamment être dans l'action. Ils n'ont pas trop la tête à ce qu'ils font alors ils agissent vite, sans trop réfléchir, et commettent souvent des bêtises. L'impulsivité peut être vue et comprise comme un manque de filtre. Toutes les envies de l'enfant sont « agies », sans filtre. L'enfant hyperactif a envie de se lever dans un cours, il le fait; il a envie de dire quelque chose, il le dit. Il ne garde rien en dedans. En situation émotive, le filtre devrait normalement permettre à l'enfant de garder une portion de l'émotion à l'intérieur pour n'en extérioriser qu'une partie. L'enfant qui ne possède pas ce filtre peut être excessif dans ses réactions. Lorsqu'il est heureux de voir des amis ou de la famille en visite, il devient surexcité et incontrôlable. Lorsqu'il se blesse, il hurle comme un fou. Et lorsqu'il est frustré par quelque chose, il explose de colère.

C'est ici que le TDAH devient une cause de l'opposition. Lorsqu'on refuse quelque chose à l'enfant, lorsqu'on formule une demande qui lui déplaît, on provoque une petite frustration en lui. La plupart des enfants réagiront à cette petite frustration en bougonnant un peu ou en maugréant. Cela signifie qu'ils ont un filtre : ils laissent transparaître une partie de leur mécontentement, mais en retiennent une bonne part à l'intérieur. Par contre, l'enfant atteint du TDAH ne possède pas cette fonction de filtre qui devrait être prise en charge par la partie frontale de son cerveau. La colère qu'il vit en dedans explose vers l'extérieur, tout d'un coup, et de façon démesurée. Rien n'est retenu à l'intérieur. Vous l'aurez bien compris, l'impulsivité associée aux situations frustrantes pour l'enfant peut être à l'origine de plusieurs conflits entre ses parents et lui.

2. La difficulté à se projeter dans le temps et le besoin de gratification immédiate

L'enfant atteint d'un TDAH présente souvent une autre difficulté, soit celle de se projeter dans le temps. Cet enfant vit dans le moment présent — et uniquement pour le moment présent. Il ne pense pas au passé, il n'anticipe pas le futur. Cet enfant peut être irrité lorsqu'on lui demande de nous parler de sa journée : en effet, c'est un gros effort pour lui de retourner en arrière et de repenser aux évènements significatifs du jour.

Cette difficulté occasionne un autre problème : les enfants vivant avec un TDAH ont de la difficulté à apprendre des conséquences passées. Par exemple, si William se fait voler un jouet par sa petite sœur, il aura de la difficulté à revenir dans le passé pour se rappeler que la dernière fois que cela s'est produit, il l'a frappée et il a été puni : on l'a privé de tablette électronique pendant une semaine. Il va donc peut-être la frapper de nouveau, nous donnant clairement l'impression qu'il n'a rien appris de sa punition précédente.

Non seulement l'enfant qui a un TDAH a-t-il de la difficulté à repenser au passé, mais il a également de la difficulté à se projeter dans le futur. C'est ce qui occasionne notamment les difficultés de planification bien connues chez l'enfant (et même chez l'adulte)

CHAPITRE 6

aux prises avec un TDAH : il semble tout faire à la dernière minute. La difficulté à anticiper le futur entraîne un autre problème : l'enfant n'évalue pas les conséquences de ses gestes au moment de les poser. Donc, même s'il se souvient qu'il a écopé d'une grosse punition la dernière fois qu'il a frappé sa sœur, il n'anticipe pas le fait qu'il risque de recevoir de nouveau cette punition s'il la frappe de nouveau.

En somme, il vit dans le moment présent. Au moment de prendre une décision, il ne considère pas toujours ses apprentissages passés et n'anticipe pas la conséquence future. Il prend ses décisions en se basant essentiellement sur ses envies du moment. C'est ce qu'on appelle la gratification immédiate, le besoin d'être satisfait tout de suite, maintenant.

Le besoin de gratification immédiate et la difficulté à se projeter dans le futur font également que l'enfant atteint d'un TDAH aura beaucoup de difficulté à laisser tomber une activité qu'il aime pour exécuter une tâche qui lui est demandée, et ce, même s'il sait qu'il pourra reprendre son jeu une fois la tâche complétée. Ainsi, s'il est en train de jouer, il pourrait avoir bien du mal à mettre un terme à son activité pour aller faire une brève course avec ses parents. Ils auront beau lui expliquer qu'il pourra continuer à jouer dès leur retour dans quinze minutes, cet argument n'aura aucun impact. L'enfant commencera à s'opposer et ne voudra pas partir. Il sera bien difficile pour les parents de raisonner l'enfant, puisque celui-ci n'arrive pas à vivre un délai. Il vit pour le moment présent, pour le plaisir immédiat que lui apporte son jeu.

3. L'inattention et l'opposition passive

Une autre cause de l'opposition chez l'enfant atteint du TDAH, c'est... l'inattention! L'enfant inattentif a souvent la tête ailleurs au moment où on lui formule une demande. Il a la tête à son jeu, à une émission de télévision... ou il est simplement dans ses pensées. Si on lui demande d'aller prendre son bain, il répondra un « Hum, hum » distrait et oubliera immédiatement la demande. De fait, il n'y aura pas réellement prêté attention! Par ailleurs, même s'il a bien entendu la consigne, l'enfant inattentif a cette tendance à se laisser attirer par absolument tout ce qui peut faire dévier son attention en cours de tâche. S'il croise le chat de la maison en route vers la salle de bain, il commencera à jouer avec le chat; s'il entend une chanson qu'il aime à la radio, il commencera à danser; s'il voit un jouet par terre, il s'accroupira pour jouer. Alors qu'on le croit dans le bain, il sera dans sa chambre en train de danser sur une musique qu'il aime et il sera le premier surpris de voir que ses parents sont fâchés... En fait, à ce moment précis, il n'a plus aucun souvenir de la demande originale qu'on lui avait formulée! Il est assez fréquent que les parents soient irrités de devoir répéter sans cesse toutes les consignes, tous les jours, et ils ne comprennent pas que l'enfant ne semble jamais en mesure de se rappeler des routines qui se répètent pourtant chaque jour... L'enfant ne s'oppose pas activement aux demandes. Il ne fait pas de crises, il ne confronte pas, il ne dit jamais « Non! » et il n'entre pas non plus en conflit avec ses parents. Il ne fait tout simplement pas ce qui lui est demandé. C'est pourquoi on parle d'opposition passive. Tout compte fait, il ne s'agit pas réellement d'opposition, puisque l'intention de l'enfant n'est pas de s'opposer. L'enfant se laisse tout simplement distraire par tout et rien et... il oublie!

4. L'opposition devant une montagne impossible à gravir

L'enfant inattentif peut également s'opposer de manière plus active. Il termine souvent sa journée avec un réservoir vide. Pour passer au travers de sa journée d'école, il lui a fallu investir et dépenser toutes ses ressources attentionnelles pour lire ce qu'il avait à lire, écouter les longues explications de l'enseignante, exécuter les travaux sans oublier d'étapes en cours de route... Déjà, en début de journée, il avait beaucoup moins d'attention que ses pairs en réserve. Une fois revenu à la maison, le jeune ne dispose plus de l'attention nécessaire pour faire ses devoirs, pour s'exercer au piano ou pour exécuter les petites tâches que lui imposent les parents. Alors si on lui demande de s'installer pour faire ses devoirs, il sent qu'on le met devant une montagne impossible à gravir. Il sait qu'il n'a pas l'énergie pour le faire, il sait que s'il essaie, il échouera. Il se fera dire qu'il a mal travaillé, il devra admettre qu'il ne comprend pas, il décevra ses parents. Personne n'aime échouer ni décevoir. Il pourra alors réagir à cette demande impossible en s'opposant, et parfois par une crise. Les parents disent alors que l'enfant fait une crise d'une heure pour éviter de faire un devoir qui n'aurait pris que dix minutes.... Mais voilà, quand il n'y a plus de ressources, il n'y a plus de ressources. Même pour dix minutes de travail.

L'intervention auprès de l'enfant ayant un TDAH qui s'oppose

Donner les consignes les yeux dans les yeux

Ne sous-estimez pas l'importance de formuler vos consignes en vous plaçant face à l'enfant et en le regardant dans les yeux. Il arrive souvent que les parents s'affairent dans la maison à préparer le repas ou à faire un peu de rangement pendant que les enfants s'amusent, regardent la télévision ou jouent à l'ordinateur. Le parent hausse la voix et lance une consigne aux enfants qui sont dans une pièce adjacente : « Les enfants, allez laver vos mains et venez à table, on va manger ! ». Le parent poursuit ensuite ce qu'il était en train de faire et quelques minutes plus tard, il s'étonne que les enfants n'aient pas bougé. Or, on sait maintenant que l'enfant inattentif oublie rapidement la consigne s'il n'y accorde pas toute son attention.

Dans ce genre de situation, je suggère plutôt aux parents de prendre une pause de la tâche en cours, de se déplacer dans la pièce adjacente, de se pencher pour être à la hauteur de l'enfant et de lui mettre une main sur l'épaule en le regardant dans les yeux pour ensuite formuler sa demande. Les trois éléments essentiels à retenir ici sont donc les suivants :

- formuler la demande en se plaçant à la hauteur de l'enfant,

- les yeux dans les yeux, et

- avec un contact physique aimant (caresse dans les cheveux, main sur l'épaule).

Cette attitude permet d'optimiser l'attention de l'enfant et d'améliorer les chances qu'il se conforme à la consigne.

Faire du sport

Personnellement, c'est l'une de mes recommandations préférées. Le sport a tellement de vertus : la pratique d'activités sportives favorise un mode de vie sain et une bonne santé; le fait de faire partie d'une équipe et de partager une passion avec des coéquipiers permet à l'enfant d'entretenir des amitiés; les succès sportifs enrichissent l'estime de soi de l'enfant; l'activité physique procure un sentiment de bien-être et permet une meilleure gestion des émotions; enfin, le sport enseigne la persévérance dans l'adversité et apprend au jeune à vivre des succès comme des échecs, des victoires comme des défaites.

Mais tenez-vous bien. En plus de toutes ces vertus, on sait aujourd'hui que le sport agit un peu comme un médicament naturel qui stimule l'attention. Ainsi, non seulement l'activité physique permet-elle à l'enfant hyperactif de dépenser son énergie, mais elle permet également d'augmenter la vigilance et l'attention chez l'enfant inattentif comme chez l'hyperactif. En fait, dans le cerveau, les neurones qui s'occupent de la motricité sont regroupés dans une région tout juste voisine de celle des neurones qui s'occupent de l'attention. Un riche réseau de connexions existe donc entre les neurones qui stimulent nos membres pour les faire bouger et les neurones qui stimulent notre attention. Lorsque les neurones moteurs s'activent, ils envoient également un influx nerveux aux neurones de l'attention, ce qui les active par ricochet.

Et ce n'est pas tout! Le fait de s'activer physiquement augmente le rythme de la respiration et des battements cardiaques. Il y a donc plus d'oxygène qui circule dans notre sang, et ce, dans le but d'oxygéner les muscles qui travaillent. Cependant, le cerveau est l'organe du corps qui consomme le plus d'oxygène. La quantité accrue d'oxygène qui circule dans le corps dans le but d'alimenter les muscles en action profite donc également au cerveau qui, une fois bien oxygéné, devient plus attentif et plus performant! Toute activité physique est bonne pour stimuler l'attention, particulièrement les activités aérobiques, qui essoufflent l'enfant.

Permettre de bouger

« Cesse de gigoter sur ta chaise! Arrête de te lever toutes les deux minutes! Lâche ce jouet! Assieds-toi droit! Ne bouge plus et concentre-toi sur ton devoir! » Vous reconnaissez vos paroles?

Aussi incroyable que cela puisse sembler, le fait de bouger et de gigoter n'est pas une façon de chercher à déranger, mais bien une stratégie de l'enfant pour stimuler sa propre attention et pour se concentrer sur le travail qu'il doit exécuter! Lorsqu'il se sent à court d'attention, l'enfant active sa motricité dans le but de la stimuler. En effet, les neurones moteurs activent également son attention. En outre, notre instinct de parent qui voudrait que l'enfant cesse de bouger pour se concentrer implique en fait de lui enlever sa stratégie de concentration! Une fois bien assis sans bouger, les neurones moteurs s'éteignent et, par ricochet, les neurones attentionnels également. On verra alors l'enfant couché sur ses bras alors qu'il est assis à sa table de travail parce que son attention est « désactivée ».

Soyons contre-intuitifs. Si les enfants en ont besoin, laissons-les bouger pendant la période des devoirs et des leçons. Par exemple :

- Avant de commencer les devoirs, favorisez une période d'activité physique qui permettra de stimuler l'attention de l'enfant.

- Segmentez les devoirs afin que l'enfant puisse se lever et bouger après une période assise d'une dizaine de minutes.

- Installez un tableau blanc au mur sur lequel les enfants peuvent écrire avec des feutres. Vous pouvez faire une partie des devoirs et des leçons sur ce tableau, ce qui permet aux enfants de travailler debout. Moyennant une entente avec l'enseignante, vous pourriez même prendre une photo du tableau blanc et l'imprimer pour remettre le devoir.

- Avec des feutres effaçables à sec, faites écrire l'enfant sur une fenêtre ou une grande porte vitrée.

- Laissez l'enfant marcher de long en large ou faire plusieurs fois le tour de la table pendant qu'il récite ses leçons. Rappelez-vous, activer la motricité lui permet d'activer son attention.

- Si vous avez des tuiles au sol, utilisez celles-ci comme des cases sur lesquelles l'enfant peut sauter et avancer à chaque bonne réponse obtenue. Par exemple, il s'installe à une extrémité de la pièce, les deux pieds sur un carreau. Le parent lance une multiplication : « 6 x 8 » ! Si l'enfant répond correctement, il peut sauter à pieds joints sur la prochaine case. S'il donne une mauvaise réponse, il doit reculer à la case précédente. Arrivé à l'autre bout de la pièce, l'enfant se mérite une petite pause et une collation, par exemple.

- Si vous disposez d'un vélo stationnaire à la maison, il s'agit d'une excellente façon de stimuler la motricité de l'enfant pendant les leçons, pendant sa lecture ou même pendant la période des devoirs si on peut lui aménager une petite tablette pour travailler sur la bicyclette.

Apprendre les notions de temps

L'enfant atteint d'un TDAH éprouve beaucoup de difficulté à se projeter dans le temps. En fait, il ne saisit pas vraiment les notions de temps. Quinze minutes, trente minutes, une heure; ce sont des concepts bien abstraits pour lui. « Demain », « en fin de semaine », « dans un mois » sont aussi des notions qu'il saisit mal. Il arrive souvent qu'il demande, le soir : « Est-ce que demain, c'est la fin de semaine ? ». Il a hâte à son anniversaire, mais il se représente difficilement le temps qu'il reste avant d'y arriver.

Puisqu'il comprend mal les notions de temps, il a du mal à « voir venir » les choses et à planifier ses transitions. Lorsqu'on lui demande de se dépêcher parce qu' « on part dans vingt minutes », il n'a aucune idée de l'urgence de la situation ni de ce qu'il aura le temps de faire au cours de ces vingt minutes. Puisqu'il agit beaucoup en fonction du principe de la gratification immédiate, il se dira sûrement : « Puisqu'il me reste vingt minutes, je vais commencer par jouer un peu, puis je me préparerai... ». Le parent, qui comprend très bien la notion de temps, est irrité lorsqu'il constate que son enfant ne se mobilise pas pour se préparer, ce qu'il interprète comme de l'opposition.

La solution est simple. Il s'agit d'enseigner la notion de temps et de rendre l'enfant autonome dans sa gestion des délais et du temps. Voici quelques suggestions à cet effet :

- Pour apprendre les notions de jour, de semaine et de mois, le calendrier est le meilleur outil. Trouvez un calendrier illustré pour l'enfant. Si les illustrations représentent un thème qu'il affectionne particulièrement, c'est encore mieux. Il aura plus souvent envie de le regarder et c'est ce qui est souhaité. Avant de fixer le calendrier au mur, invitez l'enfant à le décorer. Utilisez des surligneurs pour mettre toutes les fins de semaine et les jours de congé en relief (par exemple, en jaune). Demandez à l'enfant de dessiner un sapin pour le jour de Noël, une citrouille pour l'Halloween, des ballons pour son anniversaire, et ainsi de suite pour toutes les dates importantes. Le calendrier est ensuite prêt à être posé au mur. Chaque soir avant le coucher, l'enfant doit rayer la case de la journée qui vient de passer. De cette façon, il pourra voir à quelle vitesse passent les jours, les semaines et les mois et il aura plus de facilité à s'orienter par rapport aux jours de la semaine et aux évènements importants.

- Pour assimiler les notions de minutes et d'heures, on peut équiper l'enfant d'une montre. Choisissez une montre digitale : c'est plus facile à lire! Mais dès que l'enfant sait lire le cadran d'une horloge, changez pour une montre à aiguilles : c'est plus « visuel », on voit mieux le temps passer. Quinze minutes, c'est un quart de cadran, trente minutes, c'est la moitié, etc.

- Le *Time Timer* est aussi un outil fort intéressant pour permettre à l'enfant de visualiser le temps qui passe. Il s'agit d'un cadran sur lequel on met un compte à rebours. L'écoulement du temps y est représenté par une pointe de tarte rouge qui diminue au fur et à mesure que le temps passe. L'enfant a donc un aperçu très concret du temps qu'il lui reste pour se préparer avant de partir, par exemple.

Tenir compte des capacités attentionnelles

L'attention est une ressource limitée et épuisable. Quand il y en a, l'enfant est disposé à apprendre. Quand il n'y en a plus, il n'y en a plus. Rien ne sert de pousser l'enfant à travailler. Plus de carburant, la voiture n'avance plus, c'est aussi simple que cela. Même si on se fâche contre la voiture, elle n'avancera pas plus! Lorsque l'enfant sent qu'il n'a pas les ressources pour faire ce qu'on lui demande, plutôt que de se mettre en situation d'échec, il s'oppose.

Travaillons avec les ressources de l'enfant. Vous êtes le parent, vous êtes la personne qui connaît le mieux son enfant. À quel moment votre enfant est-il le plus disposé et attentif? Répondez à cette question et vous saurez à quel moment faire les devoirs et les leçons avec lui. Les matins de fin de semaine sont souvent de bons moments. Certains enfants aiment se lever un peu plus tôt les matins de semaine pour faire leurs devoirs avant de partir pour l'école. D'autres préfèrent se « débarrasser » de leurs devoirs aussitôt arrivés à la maison au retour de l'école, alors que d'autres ont besoin de recharger leur attention en faisant autre chose et sont plus efficaces pour travailler après le repas du soir. Évitez de tenir pour acquis que l'horaire que vous avez imposé pour la période des devoirs est le seul possible ou le meilleur. Soyez créatif! Parfois, le simple fait de réorganiser l'horaire permet de diminuer ou de faire disparaître une bonne partie des comportements d'opposition associés aux devoirs.

S'informer sur la médication

Quand on pense au TDAH, le sujet de la médication doit nécessairement faire partie de la réflexion. Depuis le début des années 2000, dans les médias, des débats souvent passionnés (mais pas toujours objectifs) ont influencé les perceptions. Selon moi, il ne sert pas à grand chose de se demander si on est « pour ou contre la médication »... Je pense plutôt que les parents doivent être correctement informés des avantages et des inconvénients de la médication afin de prendre une décision éclairée pour leur enfant. Si un parent décide d'aider son enfant avec un médicament parce qu'il considère que les avantages dépassent les inconvénients, un autre pourra juger au contraire que les effets secondaires sont trop importants et renoncer à la médication. Dans la mesure où ces deux raisonnements sont basés sur une analyse des faits, ces parents auront tous deux pris une bonne décision.

De nombreuses options de médicaments existent pour le traitement du TDAH. En fonction de l'âge et du profil de l'enfant, certains médicaments seront plus adaptés que d'autres. La recherche actuelle montre que les traitements pharmacologiques de l'attention fonctionnent bien chez 70 % des jeunes atteints du TDAH. Il y a tout de même un taux de 30 % de jeunes pour qui la médication est inefficace ou entraîne trop d'effets secondaires. Il est important comme parent de ne jamais tolérer des effets secondaires qui rendent l'enfant plus amorphe, éteint, anxieux ou colérique. Lorsque

CHAPITRE 6

ces effets apparaissent, le médecin devrait être rencontré rapidement et le traitement devrait être revu ou interrompu. De façon générale, pour qu'un traitement soit bon, le médicament doit entraîner plus d'effets positifs que d'effets secondaires négatifs.

Personnellement, je crois que la médication peut réellement aider un enfant qui présente un TDAH. Rappelons qu'il s'agit d'un trouble neurologique : la médication reste donc la seule façon de réellement traiter le TDAH, puisqu'il s'agit de la seule manière d'intervenir sur le fonctionnement des neurones responsables de l'attention. Mais ATTENTION, la première étape est d'abord de s'assurer d'un bon diagnostic. Nous sommes à une époque où le TDAH est fortement médiatisé, ce qui fait que ce diagnostic a parfois le dos large. Il existe plusieurs raisons pour lesquelles un enfant peut être inattentif ou agité. **Tout n'est pas TDAH!** L'enfant peut, par exemple, être anxieux, présenter un trouble d'apprentissage, un trouble de langage affectant sa compréhension ou simplement être moins mature parce qu'il est parmi les plus jeunes de son groupe. Il y a donc de nombreux diagnostics erronés de TDAH et donc des enfants qui prennent des médicaments alors qu'ils ne devraient pas. Prendre un médicament pour un problème qu'on n'a pas ou pour le mauvais problème peut entraîner des conséquences sérieuses. Par exemple, si on traite l'enfant anxieux avec une médication visant à stimuler l'attention, il y a de fortes chances que l'attention ne s'améliore pas du tout, mais que l'anxiété soit en fait amplifiée. Selon moi, la meilleure façon de s'assurer de poser le bon diagnostic chez l'enfant est de conduire une évaluation neuropsychologique et d'accompagner celle-ci de l'évaluation d'un médecin.

Dans le cas où un TDAH est confirmé, un traitement pharmacologique peut être considéré si au moins l'une des sphères suivantes est sérieusement compromise : la réussite scolaire, les relations sociales ou l'harmonie familiale.

Le syndrome de Gilles de la Tourette (SGT)

Le syndrome de Gilles dé la Tourette (SGT) est principalement caractérisé par la présence de tics sonores et moteurs. Les tics sonores peuvent être des claquements de langue, des petits cris poussés du fond de la gorge, des raclements de gorge, des bruits imitant des cris d'animaux, des bruits imitant un moteur ou même des mots ou des phrases répétés de manière « gratuite », sans objectif de communication. Les tics moteurs quant à eux affectent souvent (mais pas uniquement) le visage. L'enfant peut par exemple s'étirer le visage, se contracter le visage en fermant les yeux de manière prononcée, cligner des yeux à répétition, rouler les yeux dans leur orbite, lever les sourcils, se plisser le nez, bouger la tête dans un mouvement répétitif, etc. Bien que ces tics soient parmi les plus fréquents, plusieurs autres tics existent et peuvent même parfois représenter des mouvements bien plus complexes. On dit également que les tics migrent dans le SGT, c'est-à-dire qu'un tic peut être présent pendant six à huit mois, puis disparaître au profit d'un nouveau tic affectant une autre partie du visage ou du corps.

Aux tics s'associent souvent d'autres difficultés chez l'enfant atteint du SGT. Ce syndrome présente une comorbidité majeure avec l'anxiété, qui devient souvent bien plus problématique que les tics eux-mêmes. Chez les enfants atteints du SGT, l'anxiété se manifeste souvent par des comportements obsessionnels-compulsifs excessivement rigides. L'enfant cherche alors, par exemple, à ce que ses jouets soient rangés exactement de telle façon, il insiste pour s'habiller en enfilant ses vêtements dans un ordre précis et immuable, il n'aime pas que les différents aliments se touchent dans son assiette et doit les manger dans une séquence précise, il demande à ses parents de toujours prendre le même trajet pour aller le reconduire à l'école, etc. Les choses doivent être faites exactement à sa façon, dans les moindres détails, au risque de réagir fortement en faisant une crise. La pensée de ces enfants est souvent excessivement rigide et il est difficile de leur faire voir les choses sous un autre angle ou de les amener à travailler d'une autre manière que celle qu'ils ont choisie. L'enfant qui a un SGT est donc très sensible à sa routine et il est déstabilisé par l'imprévu ou la nouveauté, ce qui dégénère souvent en crises de colère.

L'enfant atteint du SGT se trouve également souvent à l'extrême du continuum de l'impulsivité et du manque de filtre. Il est donc excessivement colérique et explosif, souvent en réaction à de bien petites frustrations. Les crises de colère sont fréquentes, mais surtout complètement démesurées et incontrôlables pour l'enfant, qui semble alors se transformer en autre chose que lui-même. Les parents ont l'impression de marcher constamment sur des œufs afin d'éviter la crise, qui en fait survient de toute façon. Souvent, l'enfant atteint du SGT est décrit comme un enfant ayant été difficile à gérer dès les premiers mois de vie, ce qui illustre bien le caractère neurologique et inné (et non acquis) du trouble et des crises de colère.

L'intervention auprès de ces enfants implique souvent la prise de médicaments. La composante neurologique est d'une telle importance que les interventions comportementales sont insuffisantes pour calmer les crises de colère explosives et pour améliorer l'autocontrôle. Une évaluation en neuropsychologie permet d'établir le profil cognitif et d'étoffer le diagnostic qui est ensuite confirmé par un neurologue ou un pédopsychiatre. Le médecin spécialiste détermine ensuite le meilleur traitement pharmacologique pour l'enfant.

Du côté des parents, la plupart des interventions proposées pour l'enfant anxieux ainsi que celles qui ont été décrites pour l'enfant vivant avec un TDAH sont applicables avec un enfant aux prises avec le SGT. Les différentes méthodes d'intervention expliquées dans la deuxième section du livre sont également pertinentes. Par ailleurs, deux lignes directrices pourraient être ajoutées pour cet enfant :

- Maintenir la routine la plus stable possible et l'environnement le plus prévisible possible. Il faut travailler avec la rigidité de l'enfant — et non tenter de se battre contre celle-ci.

- Il faut éviter d'argumenter ou de tenter d'expliquer pourquoi l'enfant devrait se calmer ou pour quelles raisons le déclencheur ne méritait pas de provoquer une crise aussi intense. Lorsque le volcan explose, l'enfant n'est plus disponible pour entendre les arguments logiques et les explications. Les mots ne font qu'alimenter la crise. On peut plutôt coller l'enfant ou le prendre dans nos bras et doucement faire « Ssshhh... Ssshhh... » à son oreille pour l'aider à apaiser sa colère. S'il refuse d'être touché, on peut s'asseoir près de lui et faire jouer de la musique qu'il aime, toujours sans parler. On peut également lui proposer un coin d'apaisement dans la maison. Cet espace, qui n'est pas un lieu punitif, peut lui être présenté comme un lieu où il a la responsabilité d'aller s'apaiser lorsque ses émotions dépassent ses capacités de gestion.

CHAPITRE 7
L'opposition chez l'enfant roi

> **Savez-vous quel est le plus sûr moyen de rendre votre enfant misérable ? C'est de l'accoutumer à tout obtenir.**
>
> — Jean-Jacques Rousseau (1712-1778), écrivain et philosophe

Incroyable, n'est-ce pas, qu'un philosophe ait affirmé cela au 18e siècle ! Je me demande bien ce que « tout obtenir » pouvait signifier en 1750... Chose certaine, si la citation était juste à cette époque, imaginez à quel point elle est pertinente de nos jours !

L'enfant roi est habitué à tout obtenir, il croit que tout lui est dû. Il manque de respect envers ses parents et envers les gens qui l'entourent. Il n'éprouve ni remords ni empathie pour les autres (trop centré qu'il est sur lui-même) et, la plupart du temps, aucune punition ou conséquence négative n'accompagne ses comportements indésirables. Certains auteurs parlent même de « narcissisme juvénile » ! Je pense que cela illustre bien la gravité de la situation.

CHAPITRE 7

L'enfant roi : une création (ou une créature) des parents

Il faut dire les choses comme elles sont : l'enfant roi est une création de ses parents. Il est forgé par leur attitude permissive, une attitude souvent teintée d'un certain laisser-aller qui lui laisse entendre qu'il est spécial et extraordinaire. En cas de problème, les parents blâment les méthodes de l'enseignante ou de la direction de l'école, mais rarement leur enfant. Parfois, ils consultent parce qu'ils croient que leur enfant est intellectuellement doué et que son comportement n'est qu'une réponse au fait que les enseignants restreignent sa créativité, ou que les autres enfants sont trop immatures pour interagir avec lui. Ce n'est jamais la faute de leur enfant, mais toujours celle des autres. L'enfant intègre d'ailleurs cette pensée selon laquelle ce qu'il fait n'est jamais grave : « Si les autres ne sont pas contents, c'est leur problème ! ».

Le parent d'un enfant roi entretient souvent une ou plusieurs pensées erronées parmi les suivantes :

- Il ne faut pas dire non à un enfant (et encore moins le punir !) : cela pourrait le traumatiser.

- Si je lui dis non, il va moins m'aimer (ou il ne m'aimera plus).

- Si je monte le ton, je suis un mauvais parent.

- Quand un enfant fait quelque chose de mal, il faut expliquer, et la fois suivante réexpliquer, et ainsi de suite.

- Les règles ne servent qu'à brimer la créativité de l'enfant.

- Un enfant est capable de prendre ses décisions par lui-même.

- Un enfant doit être impliqué dans les décisions de la famille. Il faut toujours lui demander son avis et le respecter.

> ■ Mon enfant est extraordinaire. S'il a un mauvais comportement, ça ne peut pas être sa faute.

> ■ Mon enfant est extraordinaire et ne mérite que ce qui est extraordinaire.

> ■ Nous avons beaucoup d'argent et nous sommes capables de lui acheter tout ce qu'il veut, quand il veut (et parfois même avant qu'il n'ait le temps de le vouloir). Pourquoi l'en priver ?

Ces pensées sont dangereuses dans l'éducation d'un enfant. Elles sont erronées et pourront faire de lui un adulte qui aura de la difficulté à fonctionner à l'intérieur du cadre et des règles de la société, puisqu'il n'aura jamais eu à s'y soumettre ni à vivre de frustrations lorsqu'il était enfant. C'est sérieux! Si certaines de ces pensées vous interpellent, permettez-moi de défaire quelques mythes.

» Selon moi, il est important de se rappeler que les enfants ne raisonnent pas selon des principes logiques. Ils raisonnent selon leurs envies immédiates. Ils ne possèdent pas les données leur permettant de prendre une décision éclairée sur ce qui est bon pour eux et ce qui ne l'est pas, simplement parce qu'ils ne savent pas encore ce qui les attend dans la vie. **Les enfants ont besoin de direction et d'encadrement,** et ils ont besoin que des décisions soient prises pour eux, par des gens qui s'occupent d'eux et qui ont l'expérience pour anticiper ce qu'ils auront à traverser dans leur vie.

» **Vous êtes le parent, vous prenez les décisions.** Vous n'avez pas à consulter l'enfant à chaque occasion pour connaître son avis.

» **Vous pouvez monter le ton** lorsque vous désirez faire comprendre le sérieux de votre message. Il ne s'agit pas de crier — et surtout pas d'injurier l'enfant. Cependant, monter le ton pour faire respecter une consigne permet de susciter une réaction chez l'enfant qui n'écoute pas et de l'amener à mettre votre demande à exécution. Vous n'êtes pas un mauvais parent lorsque vous haussez le ton.

» **Vous n'êtes pas là pour prendre des décisions populaires** qui vous feront aimer des enfants. Parfois, vos décisions seront appréciées, mais parfois elles déplairont. Dans les deux cas, vous devez prendre les décisions qui préservent la sécurité de vos enfants, qui assurent leur développement harmonieux, qui les aident à développer leur conscience des autres et le respect des autres, et qui les amènent graduellement vers l'autonomie.

» **Permettez-vous de dire « non » à votre enfant.** Parfois (et même souvent!), il faut lui refuser des choses afin de lui apprendre que rien ne tombe du ciel et qu'il faut travailler pour obtenir ce que l'on veut. Apprenez-lui d'abord à désirer quelque chose, et ensuite à patienter (pendant des jours, des semaines ou des mois) avant de l'avoir. Faites-lui comprendre que vous travaillez pour acheter des biens et que « l'argent ne pousse pas dans les arbres! ». Priver un enfant du superflu, c'est lui apprendre la valeur de l'argent, la valeur des possessions et la valeur du travail.

» Un des plus gros mythes est le suivant : « les enfants n'aiment pas les parents sévères qui appliquent les règles. Les punitions dévalorisent les enfants qui ne se sentent alors pas aimés ». En fait, c'est tout le contraire. Les recherches démontrent que les enfants de parents trop permissifs sont plus anxieux et insécures et ont une plus faible estime d'eux-mêmes. Ils ont également un moins bon lien avec leurs parents! Au contraire, les enfants de parents investis, aimants, mais qui savent **mettre des limites claires suivies de conséquences strictes** lorsque celles-là sont franchies, sont des enfants moins anxieux qui ont davantage confiance en eux. Par ailleurs, ils entretiennent un lien d'attachement plus solide avec leurs parents et forment des liens d'attachement plus sains avec d'autres enfants ou d'autres adultes. Le fait d'encadrer un enfant, de mettre des limites et d'imposer des conséquences négatives aux comportements indésirables envoie à l'enfant un message à l'effet que ses parents sont présents, qu'ils se soucient de son éducation et qu'ils ne le laisseront pas tomber. L'enfant comprend donc que les limites sont là pour le protéger et se sent en sécurité à l'intérieur de ce cadre. Inversement, laisser faire à un enfant un peu tout ce qu'il veut lui envoie le message selon lequel ses parents ne sont pas trop intéressés à lui et le laissent se débrouiller seul. En l'absence de limites, l'enfant se sent laissé à lui-même dans un monde où il ne connaît pas encore les règles, ce qui génère incertitude et anxiété.

» Un peu dans le même ordre d'idées, certains parents pensent que d'imposer une conséquence à l'enfant risque de le traumatiser. Si vous avez un bon lien avec l'enfant parce que vous lui consacrez régulièrement du temps de qualité, si vous gardez le contrôle de vous-même au moment de la conséquence et si la conséquence que vous imposez **est juste et est en lien avec l'acte commis,** il est peu probable que vous traumatisiez votre enfant. Vous allez l'éduquer, et même le sécuriser.

» Le parent qui laisse l'enfant transgresser toutes les règles, le confronter, le provoquer et lui en faire baver, est un parent que l'enfant n'apprend pas à respecter. Un parent pour qui on a peu de **respect** est un parent à qui on s'attache peu. Le parent qui

CHAPITRE 7

sait mettre une discipline juste et ferme obtiendra le respect de son enfant et développera un lien beaucoup plus fort, profond et durable avec son enfant.

» L'école met l'enfant en contact avec un ensemble d'habiletés qui le préparent à la société dans laquelle il vivra plus tard. Il ne s'agit pas de faire entrer l'enfant dans un moule ou de brimer sa créativité, mais bien de s'assurer qu'il puisse s'intégrer harmonieusement à la société.

> **Achetez maintenant, payez plus tard!**

Croyez-le ou non, certains enfants vous offrent cette commodité! Achetez maintenant, payez plus tard! En effet, achetez la paix maintenant et ils vous feront payer le prix à l'adolescence. Croyez-moi, il y aura des intérêts...

N'est-ce pas tentant parfois de simplement baisser les bras et d'acquiescer à la demande de l'enfant? « Bon, d'accord, on va l'acheter, ce jouet... ». Il y a les fois où l'on n'en peut simplement plus d'entendre crier. On se dit alors : « Allez, donne-lui ce qu'il veut, je n'en peux plus ». À d'autres moments on choisit de laisser tomber une demande pour éviter de faire exploser l'enfant et de devoir gérer la crise qui suivra... Puis, il y a ces jours de grande fatigue... On veut juste la paix! Et tout ça, c'est sans mentionner ces moments où l'on est en public et où l'on ne veut surtout pas d'une crise qui dérangera et qui attirera les regards... On cède! On achète la paix...

Je sais qu'il y a de bonnes raisons d'acheter la paix. Mais lorsqu'on cède ainsi, l'enfant comprend une chose : « Si je crie assez fort et assez longtemps, j'aurai ce que je veux. C'est moi qui ai le contrôle sur mes parents ». Soyez assuré qu'à la prochaine frustration, l'enfant criera et criera encore pour obtenir ce qu'il veut. S'il n'obtient pas ce qu'il veut en criant, il se dira que c'est parce qu'il n'a pas crié encore assez fort et assez longtemps. « Je n'ai qu'à continuer, ça s'en vient », pensera-t-il. Lorsque vous céderez de nouveau, cela lui confirmera qu'il a bien fait de crier plus longtemps et plus fort.

Il est bien possible alors qu'à la perspective de subir une nouvelle crise de la part de votre enfant, vos exigences diminuent. Vous ne lui demanderez plus de ranger ses jouets. Pour préserver l'harmonie et éviter la crise, vous le ferez à sa place. Vous vous priverez de sorties au restaurant en famille pour ne pas avoir à gérer de crise en public. (Comment l'enfant apprendra-t-il à bien se comporter en public si vous ne l'emmenez nulle part ?) Ainsi, en diminuant pendant un certain temps vos exigences envers l'enfant, vous éviterez les crises. C'est aussi ça, acheter la paix.

Cependant, il faut bien le dire, l'enfant qui n'a jamais vécu de frustrations vivra très mal les désagréments plus tard. L'enfant qui a toujours tout reçu peut croire que tout lui est dû. Celui qui n'a jamais appris à reporter son plaisir ni à attendre avant de recevoir quelque chose ne voudra peut-être plus faire d'efforts ensuite et il lui sera bien difficile de contribuer à la vie familiale. Enfin, l'enfant qui a fait des crises à ses parents sans qu'ils n'imposent de conséquences aura bien du mal à leur manifester du respect ensuite. Quand on y pense de cette façon, c'est moins tentant d'acheter la paix, n'est-ce pas ?

CHAPITRE 7

Les parents de l'enfant roi

Les parents des enfants rois ne sont pas mal intentionnés. Ils sont parfois dépassés par les comportements de leur enfant ou débordés par les exigences de la vie (travail, tâches ménagères, etc.). Certains d'entre eux entretiennent simplement des idées erronées quant à ce qui est bon ou mauvais dans l'éducation d'un enfant. Voici quelques contextes qui placent les parents « à risque » :

Le couple permissif

Je fais référence ici aux styles parentaux de Baumrid décrits au chapitre 2 de ce livre. Les parents qui s'identifient à ce style parental sont plus susceptibles d'avoir un enfant roi.

Les parents débordés par le travail

Ils arrivent à la maison vidés de leur énergie, mais la tête pleine des préoccupations du travail. Avec le repas, les devoirs et les tâches ménagères, ils sont moins mentalement disponibles pour leurs enfants, pour passer du temps de qualité avec eux et pour discipliner les comportements indésirables.

L'enfant unique

Attention! Tous les enfants uniques ne deviennent pas des enfants rois! Par contre, un enfant unique pourrait avoir plus de chances de rencontrer ce profil puisqu'il n'apprend pas à partager avec ses frères et sœurs ni à contribuer au milieu familial en jouant un rôle auprès de la fratrie. (Évidemment, il peut tout à fait développer ces compétences dans d'autres contextes sociaux, comme à la garderie ou à l'école, par exemple.)

Le petit dernier de la fratrie

Souvent, il est submergé par les jouets qu'il hérite des plus grands et des nouveaux jouets qu'il reçoit aux anniversaires. Il vit dans l'abondance également grâce à des parents plus matures et mieux établis professionnellement. Ceux-ci sont souvent plus permissifs et moins exigeants avec lui.

Le parent dépressif

La dépression est une maladie sérieuse, qui amène une perte d'énergie et de motivation. Le parent dépressif ne dispose plus de l'énergie nécessaire pour gérer les comportements difficiles et peut choisir d'acheter temporairement la paix. Souvent, la dépression a un impact plus important lorsqu'elle affecte le parent qui occupait jusque-là plus de place dans la gestion du quotidien, des routines et de la structure imposée aux enfants.

Les parents introvertis

Les personnes très introverties peuvent avoir de la difficulté à « prendre leur place » dans une relation. Les parents introvertis ne sont pas toujours à l'aise avec l'idée de hausser le ton, d'imposer une consigne ou de poser une limite avec force et conviction. Un parent doit prendre des décisions pour l'enfant et les maintenir. Il doit également savoir supporter la crise de l'enfant et les phrases

CHAPITRE 7

comme « Je ne t'aime plus! », ce qui n'est pas nécessairement facile pour le parent de nature plus introvertie.

Les parents à l'aise financièrement

Évidemment, si les parents ont beaucoup d'argent, ils peuvent plus facilement gâter leur enfant, lui offrir tout ce qu'il veut (et parfois ce qu'il n'a pas encore eu le temps de vouloir) et également acheter la paix par des cadeaux. L'enfant qui a toujours tout eu avant même de désirer quoi que ce soit peut croire que tout lui est dû.

> **Gérer l'opposition de l'enfant roi**

Une collègue québécoise, la psychologue Nadia Gagnier, écrit avec justesse qu'elle préfère parler des parents valets que des enfants rois. J'adore cette expression. En effet, on ne peut blâmer les enfants de prendre le trône si les parents le délaissent pour jouer aux serviteurs. L'intervention pour aider un enfant roi qui fait des crises doit donc se faire principalement auprès des parents. Ceux-ci doivent réinvestir l'axe de l'autorité et des exigences du modèle de Baumrid présenté au chapitre 2. Il faut cependant être bien conscient que changer de style parental n'est pas chose facile. Certaines croyances doivent être déconstruites et il y a nécessairement des ajustements à apporter à la manière d'agir. Les interventions appliquées par le parent sont souvent des automatismes qu'il devra modifier.

Les parents aux prises avec un enfant qui fait la loi dans la maison peuvent avoir recours à des services spécialisés afin d'obtenir de l'aide pour faire les ajustements nécessaires. Des séances en psychologie, en neuropsychologie ou en psychoéducation sont disponibles à cet effet. Par ailleurs, les CLSC et les différents organismes d'aide aux parents offrent des formations gratuites sur la gestion des comportements d'opposition à la maison.

CHAPITRE 8
L'opposition chez l'enfant doué

> L'intelligence n'est pas une chose sérieuse et ne l'a jamais été. C'est un instrument dont on joue, voilà tout.
>
> — Oscar Wilde (1854-1900), écrivain

L'intelligence est un atout important pour réussir. Plusieurs études démontrent notamment que la réussite scolaire, et plus tard la réussite professionnelle, sont corrélées avec le potentiel intellectuel de l'enfant. Par contre, aussi surprenant que cela puisse paraître, un potentiel intellectuel trop élevé peut également devenir un cadeau empoisonné pour l'enfant. Nous verrons dans ce chapitre ce que l'on entend par douance intellectuelle, les difficultés qu'elle peut entraîner chez l'enfant et la façon dont elle peut être à la source de comportements d'opposition. Cela nous permettra enfin de déterminer comment encadrer de manière optimale l'enfant doué pour optimiser la mise au jour de son potentiel, favoriser un développement harmonieux et maintenir de belles relations avec lui.

CHAPITRE 8

La douance intellectuelle

On parle parfois d'enfant à haut potentiel, parfois de précocité intellectuelle, et parfois d'enfant doué (ou surdoué) intellectuellement. Dans tous les cas, on fait référence aux enfants dont le potentiel intellectuel se situe dans une zone nettement supérieure à la moyenne des autres jeunes de leur âge.

Il existe certainement plusieurs formes d'intelligence et on ne s'entend pas encore tout à fait sur ce à quoi réfère exactement ce concept *d'intelligence*. Certains définissent l'intelligence en insistant sur la logique mathématique alors que d'autres soulignent l'importance du potentiel de créativité de l'enfant. Certains voudraient inclure le potentiel artistique et musical, alors que d'autres insistent sur l'intelligence émotive et sociale. On reconnaît que l'intelligence favorise les apprentissages scolaires et la réussite académique, mais il existe certainement un type d'intelligence qui permet d'être *streetwise* (intelligence sur le terrain, capacité à se débrouiller et à faire son chemin sur le terrain, voire dans la rue, dans des milieux plus difficiles).

Il n'y a aucun doute : de multiples formes d'intelligence existent. Le problème, c'est qu'elles ne sont pas toutes objectivables et mesurables. Ainsi, pour en arriver à un diagnostic de douance intellectuelle, le traditionnel test de quotient intellectuel (QI) reste le seul à faire consensus. Celui-ci mesure principalement les deux grandes sphères de raisonnement du cerveau, en lien avec les deux hémisphères du cerveau. Cette conception passe inévitablement à côté d'autres aspects importants de l'intelligence, mais elle reste la façon la plus objective et uniforme de mesurer ce concept. Un test de QI demeure donc obligatoire et incontournable pour obtenir un diagnostic de douance intellectuelle et le résultat global doit être égal ou supérieur à 130, ce qui correspond à 2 % des enfants.

Les enfants doués ont un vocabulaire qui surpasse nettement ce qui est attendu à leur âge. Ils possèdent également une quantité de connaissances générales exceptionnelle et peuvent s'entretenir sur différents sujets avec une maturité surprenante. Cela les amène à cultiver des intérêts souvent beaucoup plus évolués que ceux de leurs camarades de classe (pour la science, la technologie, l'histoire, etc.). Ils sont capables d'une analyse visuelle poussée leur permettant d'assembler et de construire, à l'aide de blocs par exemple, et d'en arriver à des résultats impressionnants pour leur âge. Ils sont capables de raisonnements logiques et de déductions leur permettant de comprendre certaines choses par eux-mêmes, avant même de recevoir des explications. Ils peuvent être rapides et autonomes dans leurs apprentissages. Enfin, ils sont capables d'abstraction et d'inférence, ce qui leur permet de saisir les non-dits, les doubles sens, les métaphores, l'ironie et l'humour bien plus que les autres jeunes du même âge.

L'intelligence et les hémisphères du cerveau

L'hémisphère gauche du cerveau est celui qui s'occupe de la sphère d'intelligence dite verbale. Cette forme d'intelligence permet l'apprentissage d'une langue (ou de plusieurs), de comprendre des explications complexes et de faire des liens entre une nouvelle explication et les connaissances que l'on possède déjà sur un sujet. L'intelligence verbale nous permet également de trouver les bons mots et de les placer dans le bon ordre pour exprimer une idée clairement. L'intelligence verbale sous-tend également la capacité à raisonner de façon logique sur un sujet, en utilisant des arguments qui mènent à une conclusion faisant valoir un point de vue.

L'hémisphère droit du cerveau se charge quant à lui de l'intelligence visuo-perceptive (que l'on appelle également non verbale). Cette forme d'intelligence se base sur le sens généralement dominant : la vision. Avec les millénaires, un hémisphère complet du cerveau humain se serait développé de manière à analyser et à comprendre les choses par la vision. Cette forme d'intelligence est donc celle qui permet à l'enfant de comprendre un plan de blocs Lego sur papier et de passer aux blocs en trois dimensions pour les assembler correctement. C'est également la forme d'intelligence qui permet de regarder un mécanisme pour en comprendre le fonctionnement et éventuellement pour déduire à quel endroit dans le mécanisme se trouve la défectuosité. C'est également l'hémisphère droit qui nous permet de nous orienter sur un chemin et de garder en tête notre position sur une carte mentale.

La douance, un problème ?

La plupart du temps, la douance représente une force et un facteur de protection. L'enfant à haut potentiel dispose d'un ensemble de ressources cognitives qui lui permettent de mieux s'en sortir sur le plan scolaire, mais également sur le plan social. Pour une minorité d'enfants cependant, la douance peut occasionner des difficultés, celles-ci étant presque toutes liées au fait que le jeune est différent des autres. Il peut arriver alors qu'il ne cadre pas ou qu'il s'intègre mal parmi ses pairs. Dans ces cas, l'enfant doué :

- présente souvent des intérêts plus matures et plus évolués que ses pairs. Par exemple, il s'intéresse aux planètes du système solaire et connaît leurs caractéristiques ; il s'intéresse aux avions et connaît les différents modèles ; il s'intéresse à la robotique et peut construire de petits circuits électroniques. Lorsqu'il cherche à en discuter avec ses pairs, ceux-ci le trouvent bizarre et il se sent bien différent ;

- présente un vocabulaire plus développé et une logique verbale qui surpasse celle de ses pairs. Ainsi, lorsqu'il discute avec eux, il utilise des mots et un raisonnement auxquels ses amis n'ont pas accès ;

- a une soif d'apprendre et d'être stimulé intellectuellement. Il a souvent compris les explications de l'enseignante bien avant qu'elle ait terminé parce qu'il a déjà déduit la fin des explications. Il peut trouver le rythme de la classe trop lent et perdre son intérêt et son attention (alors qu'il ne présente pas de déficit d'attention lorsqu'il est suffisamment stimulé) ;

- entretient de fortes valeurs de justice et d'égalité. Il possède le raisonnement et la mémoire pour comparer différentes situations qu'il a vécues et que ses frères et sœurs ont vécues. Il analysera afin de savoir si la demande qui lui est formulée est juste par rapport aux autres situations qu'il a en mémoire;

- peut présenter une dyssynchronie entre sa maturité intellectuelle et sa maturité sociale, émotive ou même motrice. Avec l'enfant qui présente un langage avancé et avec qui on peut discuter comme on le fait avec un adulte, on commence à entretenir des attentes supérieures à son âge. On peut être surpris des crises de larmes ou de colère donnant l'impression qu'il est immature parce que son développement émotif n'a pas atteint le même niveau que son développement intellectuel. On sera également surpris de voir que le développement moteur de l'enfant n'atteint pas le même niveau que son potentiel intellectuel et que l'enfant acquiert moins facilement les différentes habiletés sportives, par exemple.

L'opposition chez l'enfant doué

Ce ne sont pas tous les enfants doués qui s'opposent, mais pour ceux chez qui cela survient, on retrouve deux grands enjeux qui sous-tendent les comportements d'opposition :

Verbalement, l'enfant doué possède les mots et la logique pour argumenter, alors il les utilise.

Nous l'avons mentionné plus tôt, l'enfant doué possède un vocabulaire très développé pour s'exprimer et possède le raisonnement logique pour argumenter, faire valoir ses demandes, et parfois même confronter l'adulte à ses propres contradictions. L'enfant doué est donc très habile pour argumenter, et il réalise même que parfois, il a raison! Lorsqu'on est bon dans quelque chose, on aime ça, alors l'enfant doué aura davantage tendance à argumenter pour obtenir ce qu'il veut.

L'enfant doué a également besoin que les choses soient logiques et qu'elles aient une explication. Il cherche à comprendre et a besoin que les règles aient un sens. Il sera plus difficile de faire une demande à un enfant doué en lui disant : « C'est comme ça parce que j'en ai décidé ainsi ». Il faudra lui expliquer notre raisonnement et les raisons à l'origine de notre consigne.

L'enfant doué peut vivre un malaise psychoaffectif et une impression d'injustice. Il aura alors besoin d'extérioriser sa colère.

L'enfant doué se sent souvent isolé par sa différence et mis à l'écart par ses pairs. Il est difficile pour lui de sentir qu'il n'appartient pas au groupe et il peut vivre un sentiment de rejet très blessant. Il est souvent moins habile dans les sports et se retrouve parmi les derniers choisis dans les équipes à la récréation ou dans les cours d'éducation physique. L'enfant doué se sent souvent incompris de ses pairs, mais également de son enseignante, et vit un sentiment d'injustice.

À la maison, l'enfant doué peut donc extérioriser la colère et la frustration accumulée durant sa journée d'école. Il est plus réactif et plus émotif par rapport à de petits déclencheurs parce que ses capacités de gestion émotive sont épuisées.

À l'école, l'enfant doué peut s'opposer à l'enseignante si celle-ci n'accepte pas de reconnaître ses bonnes idées. Par exemple, l'enfant doué pourra trouver une façon de résoudre un problème lui paraissant plus logique que celle qui a été présentée par l'enseignante. Si cette dernière ne reconnaît pas que ce cheminement est bon, bien qu'il soit différent du sien, et qu'elle considère cela comme une erreur, l'enfant doué n'y verra pas de logique et risque d'entrer en opposition avec elle.

Gérer l'opposition chez l'enfant doué

La première étape est de bien s'assurer, grâce à une évaluation psychologique ou neuropsychologique, que la cause de l'opposition est une douance intellectuelle. Certains parents qui liront ceci se diront : « Ça y est, je comprends tout maintenant ! Mon enfant est doué intellectuellement et c'est pour cela qu'il a un comportement si désagréable ! ». C'est effectivement la meilleure des nouvelles lorsqu'on a un enfant « terrible » : entendre qu'il est ainsi parce qu'il est, en fait, super intelligent. Malheureusement, seulement 2 % des enfants présentent les critères de la douance. Pour les autres 98 %, il faudra lire le reste du livre !

Dans le cas où la douance est confirmée par des tests objectifs, voici quelques recommandations pour aider l'enfant à s'adapter à sa douance, et ainsi favoriser son bien-être tout en diminuant les comportements d'opposition.

À la maison, nourrir la curiosité de l'enfant

L'enfant doué intellectuellement a soif d'apprendre. Pour le parent, une bonne façon de construire un lien positif avec l'enfant est de lui proposer des activités enrichissantes visant à nourrir ses intérêts. Par exemple, il peut lui parler de géographie à l'épicerie dans la section des produits importés et exotiques. Il peut lui parler d'arts en allant dans un festival ou en fréquentant des expositions avec lui.

L'enfant pourra également satisfaire sa curiosité grâce à de nouveaux loisirs et à de nouveaux apprentissages parascolaires. J'incite les parents à explorer les intérêts de leur enfant doué et à lui ouvrir des portes pour la pratique de loisirs ou d'activités sportives qui lui plaisent.

Argumenter un bon coup, une fois de temps en temps

L'enfant doué a besoin d'argumenter. Mais il a d'abord besoin que les règles lui soient bien expliquées et que les explications soient logiques. Assurez-vous donc de bien expliquer le rationnel qui sous-tend vos consignes au moment où vous les énoncez. Par ailleurs, une fois de temps en temps, il peut être judicieux de prendre le temps de vous asseoir pour avoir un échange d'arguments avec lui ! Écoutez ses arguments sur un sujet et, sans chercher à avoir raison, comparez ses arguments avec les vôtres. Vous pouvez aussi l'encourager à approfondir sa réflexion en envisageant les arguments de quelqu'un qui penserait différemment de lui. Aidez-le à étoffer sa pensée et à comprendre les arguments de ceux qui pensent différemment. Vous pourriez même lui proposer de défendre les arguments contraires aux siens. Invitez-le ensuite à juger d'une situation et à choisir la règle de conduite à adopter en sous-pesant les différents points de vue possibles. Attention, cette capacité est particulièrement développée chez l'enfant doué : tous les enfants ne peuvent pas avoir ce genre de réflexion !

En classe : reconnaître la force de l'enfant et y répondre

Le fait de demander à un enfant doué d'être comme les autres et de fonctionner dans le même cadre qu'eux occasionne souvent de l'opposition et de la confrontation.

Au cours de sa scolarité, il est possible qu'il réfléchisse différemment et qu'il trouve des méthodes de travail ou de résolution de problème différentes de celles qui lui ont été enseignées. Si ces méthodes fonctionnent, il est recommandé de le laisser les utiliser et, surtout, de ne pas le pénaliser pour une démarche qui est bonne mais différente.

En classe, on pourra inciter le jeune à travailler plus rapidement et plus efficacement en l'autorisant à s'adonner à un projet parallèle qui le passionne (l'astronomie, par exemple). Ainsi, lorsqu'il aura terminé ses exercices en classe, on peut lui donner accès à des encyclopédies ou à un ordinateur afin qu'il travaille à un petit projet de recherche qu'il présentera ensuite (au bout de quelques semaines) aux autres élèves de la classe. De cette façon, le jeune sera motivé à terminer son travail rapidement pour lire sur un sujet qu'il aime, et il sera ensuite valorisé par ses pairs lorsqu'il fera sa présentation en classe. Il est nettement préférable et plus stimulant de donner à l'enfant un projet personnel en parallèle pour occuper ses moments libres plutôt que de simplement augmenter sa charge de travail par des exercices supplémentaires sur la matière vue en classe.

Enfin, les enfants doués ayant également une belle maturité sociale et affective peuvent être candidats à un saut de classe pour se retrouver dans un niveau académique supérieur. Une éducation enrichie peut également s'avérer une bonne option afin de garder l'enfant intéressé par l'école.

Le suivi professionnel

Souvent, les jeunes doués présentent une dyssynchronie entre leur fonctionnement intellectuel et affectif. Ces jeunes présentent régulièrement de l'anxiété, de l'hypersensibilité, de la rigidité, un haut niveau de perfectionnisme, une difficulté à supporter l'échec, etc. Un suivi en psychologie pourrait alors être une bonne avenue afin d'aider le jeune à développer un meilleur contrôle émotionnel et de favoriser une meilleure compréhension de sa situation.

· DEUXIÈME SECTION ·

Les interventions

INTERVENTION 1
Le temps de qualité et l'attention positive

> Dès lors qu'on est parent, il y a des devoirs qu'on ne peut esquiver, des obligations qu'il faut remplir, quel qu'en soit le prix.
>
> — Paul Auster (1947 -), écrivain

Le besoin d'être aimé

La chose la plus importante à retenir dans la gestion de l'opposition de votre enfant est la suivante : aimez votre enfant, aimez-le encore et consacrez-lui du temps de qualité. C'est le besoin le plus important qu'il peut ressentir. Une étude auprès de bébés singes a démontré qu'il leur était plus important d'être près de leur mère que de se nourrir. Devant un choix forcé, ceux-ci préféraient se priver de nourriture que de se priver de leur mère. Au fond, nous ne sommes que des primates évolués et cela illustre à quel point chez nos enfants aussi, le besoin de l'amour parental est prédominant.

INTERVENTION 1

Pour le parent qui ne vit pas avec un enfant opposant, aimer son enfant semble une évidence. Cependant, pour celui qui vit au quotidien l'opposition et la provocation d'un enfant, l'amour qu'il pensait inconditionnel peut parfois être ébranlé. Le parent se sent alors coupable de se l'avouer, mais il se peut qu'il doute parfois de l'amour qu'il ressent envers son fils ou sa fille qui lui rend la vie si difficile. Dans cette situation, il est possible que commence alors un cycle où le parent cherche à éviter l'enfant parce qu'il anticipe un contact désagréable avec lui. Plus il cherche à l'éviter, plus l'enfant aura besoin de se rassurer quant au fait que ses parents sont toujours là pour lui. Ainsi, il adoptera encore plus de comportements opposants et provocateurs — parce que c'est ce qu'il fait de mieux — afin de susciter une réaction et d'obtenir cette attention de ses parents.

Voici un exemple assez typique : lorsque l'enfant joue seul, de manière calme et posée, les parents évitent à tout prix de l'interrompre. Ils ne voudraient surtout pas briser ce beau moment de paix. Comme ils voient leur enfant comme une bombe sur le point d'exploser, ils souhaitent éviter l'explosion à tout prix ! À ce moment, l'enfant affiche un comportement exemplaire, mais il ne reçoit aucune attention de la part de ses parents. Quel est son constat ? Facile : la meilleure façon d'obtenir de l'attention est certainement d'exploser ! L'enfant passe alors à l'action : il dérange, provoque et argumente pour obtenir l'attention désirée (tout simplement).

Il sera alors très important d'établir un lien de confiance fort et inébranlable entre l'enfant et ses parents. Pour ce faire, il est incontournable de passer du temps de qualité avec lui, dans une atmosphère positive. L'enfant va souvent chercher de l'attention négative par son opposition, là où il n'arrive pas à obtenir de l'attention positive. Notons aussi qu'un enfant hésitera davantage à s'opposer s'il sent qu'il risque de briser un lien positif fort avec le parent. À l'inverse, il s'opposera davantage s'il sent qu'il n'a rien à perdre dans son lien avec le parent (ou même s'il sent qu'il y gagne de l'attention).

L'enfant doit ressentir ce lien d'attachement fort avec ses deux parents. Il est également important de renverser l'interaction négative en utilisant le plus fréquemment possible des mots positifs avec l'enfant. On le félicitera pour ses réussites et ses efforts, et on lui répètera qu'on l'aime et qu'on est fier de lui. Les contacts physiques comme les câlins et les baisers sont de puissantes méthodes pour solidifier le lien parent-enfant.

Le temps de qualité avec l'enfant

Pour renforcer un lien émotif de qualité entre l'enfant et le parent, il est nécessaire de lui consacrer des périodes d'interactions agréables au quotidien. Il s'agit simplement d'une façon de dire à l'enfant qu'il est important et que l'on cherche sa compagnie. Idéalement, on cherche à partager ces moments privilégiés tous les jours.

Il importe d'abord de définir ce que l'on entend par temps de qualité. Il s'agit d'un moment dédié à l'enfant, non pas dans un but de l'encadrer ou de lui prodiguer des soins, mais plutôt un moment durant lequel il n'y a pas de règle à suivre ni de tâche à accomplir. On exclut donc le temps que l'on consacre à l'enfant pour l'aider à faire ses devoirs, pour superviser le bain ou pour l'aider à ranger sa chambre. Idéalement, pendant ce temps de qualité avec un enfant opposant, on évitera également les jeux au terme desquels il y aura

INTERVENTION 1

un gagnant et un perdant. On cherche absolument à ce que cette période de contact parent-enfant soit agréable et sans conflit ; on ne veut donc pas avoir à gérer un enfant qui fait une crise parce qu'il a perdu au jeu. Avec les enfants opposants, on évite également les jeux de société qui imposent beaucoup de règles à suivre. On évite ainsi d'avoir à gérer les règlements et de devoir ramener constamment l'enfant à l'ordre pendant cette période de jeu.

Voici quelques activités qui permettent de passer un moment de qualité avec l'enfant, sans règlement à respecter, sans encadrement, et surtout sans conflit :

- Faire des constructions en blocs Lego

- Faire un casse-tête

- Jouer aux petites voitures ou aux figurines

- Aller faire une promenade à pied ou à vélo

- Aller au parc et pousser l'enfant dans les balançoires

- Jardiner

- Laver la voiture (avec beaucoup de mousse de savon !)

- Faire un bonhomme de neige ou un fort dans la neige

- Se promener en famille dans un festival en plein air

- Pique-niquer dans un parc

- Pique-niquer dans la maison, sur une nappe étendue sur le sol

- Se lancer la balle de baseball, se faire des passes avec le ballon de soccer

- Cuisiner ensemble (idéalement cuisiner quelque chose que l'enfant aime)

LE TEMPS DE QUALITÉ ET L'ATTENTION POSITIVE

- Faire du dessin ou un bricolage

- Construire quelque chose (une cabane, une voiturette, etc.)

- Aller choisir des livres à la bibliothèque

- Lire une histoire

- Faire les courses avec l'enfant et lui faire découvrir différents produits sur les tablettes de l'épicerie

- À la maison, après avoir goûté des produits exotiques, prendre un globe terrestre pour trouver le pays d'où venait le produit en question, explorer le globe avec l'enfant et lui parler des différents pays

- Faire des jeux sur papier : mots cachés, recherche des différences entre deux images, jeux de « cherche et trouve », etc.

- Parler ensemble de la journée, se raconter des souvenirs, regarder des photos ensemble

- Faire des jeux de « combat » pendant lesquels on prend l'enfant dans nos bras, on le tourne et le retourne dans tous les sens et on lui fait des prises un peu comme à la lutte (les enfants adorent ça)

Vous constaterez dans ces exemples que certains peuvent être réalisés au quotidien, alors que d'autres, comme aller dans un festival, requièrent plus de temps et sont plutôt applicables lorsque l'occasion se présente. La plupart des experts recommandent d'allouer au moins vingt minutes par jour au temps de qualité parent-enfant. C'est une proposition intéressante mais, pour certaines familles, cela ne semble pas toujours réaliste. Si c'est votre impression, je vous propose plutôt l'approche du défi :

INTERVENTION 1

- Pendant deux ou trois semaines, ne changez rien à vos habitudes. Notez dans un calepin le temps de qualité, en minutes, que vous passez avec votre enfant chaque jour. Essayez d'être précis. Ce sera votre niveau de base.

- Par la suite, votre défi commence. Pour les quatre semaines qui suivent, vous devez augmenter de 10 ou 20 % (selon le défi que vous voulez vous donner) le nombre de minutes par semaine consacrées au temps de qualité avec votre enfant.

- Après ce premier mois, vous pourrez augmenter le temps de qualité offert à votre enfant d'un autre 10 à 20 %, qui s'additionne au premier 10 à 20 %.

- Il faut évidemment continuer à compiler les minutes consacrées à l'enfant dans le calepin afin de rester objectif et de mesurer vos progrès.

- À la fin de chaque mois, si vous avez réussi à atteindre votre objectif pendant au moins trois semaines sur quatre, il est temps de vous récompenser ! Prévoyez de faire garder les enfants un vendredi soir afin d'organiser une petite soirée au resto ou au cinéma ! Vous aussi, vous avez besoin de temps de qualité !

Plusieurs parents constatent, lorsqu'ils établissent leur niveau de base, qu'ils consacrent déjà beaucoup de temps aux enfants pendant les fins de semaine. Par contre, ils réalisent qu'il leur est beaucoup plus difficile de le faire pendant la semaine en raison des contraintes d'horaire. Dans ce cas, le défi pourrait se limiter uniquement aux jours de la semaine. On pourrait penser à réorganiser des éléments de l'horaire, peut-être déplacer certaines tâches pour les faire plutôt les fins de semaine, afin d'en arriver à augmenter de 10 à 20 % le temps de qualité passé avec l'enfant (ou les enfants) pendant les jours de la semaine.

Avec toutes les demandes du quotidien, on en vient trop souvent à relayer le temps passé avec les enfants au second rang des priorités. Puis, on constate qu'il ne reste plus suffisamment de temps entre le travail, les devoirs, les repas, les tâches ménagères et la routine du dodo pour simplement profiter de moments agréables et sans contraintes avec les enfants. J'insiste sur l'importance de ces moments qui permettent de construire un lien de confiance parent-enfant essentiel à tout le reste des interactions. L'enfant confiant d'être aimé de ses parents aura moins tendance à rechercher l'attention négative et à alimenter les conflits dans la fratrie. Rappelez-vous également que le fait de ne pas avoir le temps d'offrir ces interactions de qualité à l'enfant n'enlève pas le besoin qu'a l'enfant, lui, de les avoir. Faute d'interactions positives, il cherchera les interactions négatives, et le temps que vous pensiez économiser, votre enfant vous le fera dépenser en discipline et en interactions désagréables !

La balance de l'estime de soi

L'estime de soi est un concept relativement simple en psychologie, mais combien important ! L'enfant qui possède une bonne estime de lui-même est un enfant qui a confiance en ses moyens. Il se sent valorisé au quotidien et, grâce à sa confiance en lui, il sera fonceur et cherchera à explorer et à apprendre dans de nouveaux environnements. Il ira vers les autres enfants et sera souvent un centre autour duquel graviteront les autres jeunes. À la maison, il ne s'inquiète pas de l'attention que ses parents donnent à ses frères et sœurs parce que cela ne remet pas en question l'amour qu'ils ont pour lui. Il est confiant qu'il est apprécié et connaît sa valeur aux yeux de ses parents et au sein de la famille.

Inversement, l'enfant qui entretient une faible estime de lui-même est un enfant qui a tendance à être plus anxieux et plus insécure. Il aura de la difficulté à faire sa place dans un groupe et, pour éviter de déplaire, il suivra davantage ce que les autres proposent, ce qui le rend influençable. À la maison, il doute de lui-même et cherche constamment à se faire rassurer sur sa valeur aux yeux des parents. Il percevra ses frères et ses sœurs comme étant meilleurs que lui et comme ayant plus de valeur de façon générale. Il s'inquiétera donc que ses parents les aiment davantage lorsqu'ils font quelque chose de bien et que les parents le soulignent. Cela le blesse et il sera alors plus susceptible de réagir par la colère. Il pourra alors faire des crises à la moindre frustration.

Pour comprendre comment se construit l'estime de soi d'un enfant, imaginons une balance à plateaux. D'un côté s'additionnent tous les commentaires positifs que l'enfant reçoit et les succès qu'il vit dans ce qu'il entreprend. De l'autre pèsent tous les commentaires négatifs qu'il entend à son endroit, les expériences d'échec et tous les signes (soupirs, irritation dans la voix, évitement, éloignement) lui faisant comprendre qu'il déçoit les gens importants pour lui — principalement ses parents. L'estime de soi se construit positivement au quotidien lorsque le plateau des succès et des mots positifs pèse davantage que le plateau des échecs et des remarques négatives. Lorsque l'inverse se produit, l'estime de soi de l'enfant se dégrade et s'effrite.

Alors, de quel côté penche la balance dans une semaine typique pour votre enfant?

Vous êtes le miroir de l'identité de l'enfant

En tant que parent, votre rôle dans la construction de l'identité de vos enfants est immense. En gros, l'identité de l'enfant, c'est l'image qu'il a de lui-même et qu'il entretient. C'est, entre autres, ce qu'il pense être, la manière dont il se perçoit, les qualités qu'il s'attribue et les défauts qu'il pense avoir.

Pour construire son identité physique, l'enfant se regarde dans un miroir. De cette façon, par exemple, il sait qu'il est grand pour son âge, il aime ses yeux, mais n'aime pas ses oreilles. Il se trouve *cool* quand il fait des simagrées et les pratique devant le miroir pour les reproduire ensuite devant les autres.

Pour construire son identité psychologique, l'enfant utilise un autre miroir : vous, ses parents. Il utilise l'image que vous lui renvoyez de lui-même, le reflet que vous lui faites de sa personnalité. Lorsque vous lui dites : « Wow, tu peux être fier de toi ! Tu es vraiment un champion pour partager avec ta petite sœur ! », vous lui reflétez une image qu'il intègre — comme s'il s'était vu dans un miroir. Il sait maintenant qu'il est bon pour partager. Si cette caractéristique lui est reflétée plusieurs fois, elle sera intégrée à son identité. Lorsqu'une caractéristique est intégrée à l'identité, l'enfant agira dorénavant en concordance avec ce qu'il est, donc en concordance avec cette caractéristique. Il deviendra donc un enfant qui partage spontanément, dans toutes sortes de contextes.

Imaginons que le reflet que vous renvoyez à l'enfant ressemble plutôt à ceci : « Combien de fois dois-je te le répéter ? Tu n'écoutes jamais les consignes, on dirait que tu ne comprends rien ». Entendue à répétition, cette caractéristique s'intégrera également à l'identité de l'enfant, qui croira alors fermement qu'il ne comprend rien, qu'il faut lui répéter les choses plusieurs fois et qu'il ne respecte pas les demandes qui lui sont formulées. Lorsque cette caractéristique sera intégrée, l'enfant agira en concordance avec ce trait, qui deviendra partie intégrante de son identité. Il risque alors davantage de s'opposer aux demandes puisque cela représente ce qu'il est.

Chers parents. Les mots que vous utilisez ont une grande importance! Vous êtes le miroir qui reflète l'identité de votre enfant. Pensez-y quand votre enfant se regarde dans le reflet que vous lui offrez de lui-même. Est-ce qu'il se trouve beau?

Je vous propose quelques phrases utiles pour renforcer l'estime de soi et pour une identité positive.

Les phrases qui soulignent une qualité de l'enfant

- Tu es vraiment devenu un grand garçon super serviable! Tu nous aides souvent à desservir la table après le repas et nous l'apprécions beaucoup.

- Depuis quand écris-tu de si belles lettres? Wow! On dirait une écriture d'adulte!

- Comme cette robe te va bien!

- Vous savez que nous sommes dans un restaurant pour les grands ici? Regardez autour de vous, il n'y a presque pas d'enfants. C'est parce que vous êtes des enfants sages et vraiment responsables qu'on peut vous emmener ici! On a beaucoup de chance de vous avoir et de pouvoir profiter de bons restaurants comme celui-ci avec vous.

- Ce qui est vraiment *cool* avec vous, les enfants, c'est qu'on peut vous faire confiance. Je sais que si je vous emmène au bureau aujourd'hui, vous allez être sages et polis avec les gens.

J'ai vraiment hâte de vous présenter à mes collègues, je suis tellement fier de vous!

Les phrases qui font comprendre à l'enfant qu'on aime être en sa compagnie, qu'il est important pour nous

- Je suis contente qu'on passe une journée ensemble aujourd'hui! J'aime beaucoup passer du temps tranquille en famille...

- Il me semble que ça fait longtemps qu'on n'a pas fait du vélo ensemble. Ça me manque! Est-ce qu'on se planifie une petite randonnée pour cette fin de semaine?

- Qu'est-ce que tu es en train de faire? Je peux me joindre à toi?

- Hé, les enfants, donnez-moi de l'attention! Personne ne s'occupe de moi en ce moment! (Imaginez le fou rire des enfants qui réalisent que c'est le parent qui est en manque d'attention de leur part et non l'inverse!)

- Surtout, n'oublie pas de venir me montrer ton dessin lorsque tu l'auras terminé! Je veux voir ça, moi!

Les phrases qui rappellent de bons souvenirs avec l'enfant et qui lui montrent des traits positifs qu'il possède depuis longtemps

- C'est fou parce que déjà, à 5 ans, tu te préoccupais des autres. Je me rappelle la fois où maman a été malade : tu as pris soin d'elle toute la journée!

- Te souviens-tu des vacances à la plage il y a deux ans? On avait vraiment passé du bon temps ensemble!

- Tu as toujours été un petit joueur de tour! À 3 ans, tu te cachais dans la maison pour nous faire sursauter lorsque nous passions à côté de toi. Nous avons de la chance de t'avoir pour nous faire rire!

Les phrases qui soulignent ce que l'enfant fait de bien depuis un bon moment et qu'on tient maintenant pour acquis

- Gabrielle, viens ici une minute. Tu sais, je viens de réaliser que ça doit bien faire six mois que tu choisis tes vêtements et que tu t'habilles toute seule le matin sans me demander de l'aide. Je ne t'en parle plus vraiment ces temps-ci, mais je suis fière de toi et cette belle autonomie facilite beaucoup nos matins.

- Tiens, j'y pense... On se disputait souvent au sujet des repas. C'est incroyable! En un an, tu t'es mis à manger plus de choses sans te plaindre. Tu montres une belle volonté, même quand ce qu'on te sert te plaît moins. C'est très agréable!

Les petits mots gentils pour nommer l'enfant autrement que par son prénom

- Vous avez l'embarras du choix : mon coco, mon trésor, ma chérie, mon petit cœur, ma cocotte, ma chouette...

LE TEMPS DE QUALITÉ ET L'ATTENTION POSITIVE

Le contact physique

Le contact physique est une puissante méthode de construction du lien parent-enfant et même de construction de l'estime de soi de l'enfant. Il apporte du réconfort et on le réserve pour les gens qui sont près de nous. L'enfant comprend par le toucher que son parent l'aime et qu'il est important pour lui.

Voici quelques exemples de contacts physiques à utiliser sans modération !

- Accompagner les mots gentils que l'on dit à l'enfant de câlins, de baisers et de caresses dans les cheveux.

- Poser chaleureusement la main sur l'épaule de l'enfant lorsqu'on lui demande quelque chose.

- Faire un massage à l'enfant.

- Tenir l'enfant sur nos épaules et lui faire faire du « cheval ».

- Se coller sous une couverture pour regarder la télévision ou lire une histoire.

- Faire des chatouilles. En plus du contact physique, elles installent une interaction axée sur le rire et l'amusement. Il est important cependant de respecter le moment où l'enfant nous demande d'arrêter de le chatouiller. Au-delà d'un certain point, les chatouilles surstimulent les sens et peuvent devenir agressantes.

- Jouer à se « batailler » avec l'enfant. Faire de la lutte avec lui et l'emprisonner dans nos bras en lui disant qu'il doit tenter de s'évader de la prison. Il s'agit d'une forme de câlin déguisé. Les enfants adorent ce genre d'interaction dont les papas se

INTERVENTION 1

font souvent les spécialistes. L'enfant apprend également à contrôler ses coups et à respecter des limites dans ce genre de jeu de combat. Faire cela pendant 15 à 20 minutes apporte une quantité inestimable de bienfaits à l'enfant.

Ayez du fun!

J'ai souvent l'impression qu'il y a un ingrédient manquant dans le quotidien des familles qui vivent avec des enfants opposants : le *FUN!* Le plaisir, la joie de vivre en famille, une atmosphère désinvolte et propice au rire à la maison. Je sens souvent ces familles devenir tendues et beaucoup trop sérieuses.

Ma prescription : faites des blagues, des folies, des trucs que vous ne feriez pas en public (dans les limites du bon goût). Allez-y, vous verrez, les enfants sont un bon public! Ils sont rieurs et aiment le ridicule. Valorisez le rire, les blagues et les tours que l'on se joue pour se surprendre. C'est aussi ça, la famille!

INTERVENTION 2
Le système de renforcement

> La récompense, c'est ce qui nous rend bons ou mauvais.
>
> — Robert Herrick (1591 - 1674), poète

Les systèmes de renforcement fonctionnent chez les personnes de 4 à 99 ans. Les entreprises qui offrent des bonus ou qui rémunèrent à la commission utilisent ni plus ni moins qu'un système de renforcement pour motiver leurs employés.

Vous commencez peut-être la lecture de ce chapitre en vous disant quelque chose comme : « Ah non, nous l'avons déjà essayé et ça ne fonctionne pas avec notre enfant ». Si c'est le cas, je vous invite à continuer votre lecture du chapitre parce que selon mon expérience, un bon système de renforcement fonctionne TOUJOURS. La bonne nouvelle est donc la suivante : avec la mise en place d'un BON système de récompenses, le changement de comportement est PRESQUE GARANTI !

INTERVENTION 2

Évidemment, toute bonne règle comporte des exceptions. Les voici donc : le système de renforcement fonctionne moins bien avec les enfants très anxieux qui deviennent obsédés par les règles du tableau de renforcement et par l'obtention d'une récompense. Il fonctionne également moins bien avec les enfants qui présentent un trouble du spectre de l'autisme (TSA), puisqu'il est difficile de leur trouver un renforcement approprié. Par ailleurs, le fait de ne pas obtenir le renforcement peut représenter une cassure dans leur routine, ce qui les désorganise et provoque une crise. Pour tous les autres types d'enfants, le renforcement devrait fonctionner s'il est bien établi. Voici donc comment mettre en place une intervention ayant un taux d'efficacité remarquable dans le changement de comportement de l'enfant opposant.

Qu'est-ce qu'un tableau de renforcement ?

Un tableau de renforcement (aussi appelé système d'émulation) consiste en une liste de défis à relever, d'objectifs à atteindre ou de tâches à réaliser, en échange de quelque chose qui fait plaisir (le renforcement). L'idée sous-jacente est la suivante : un comportement qui entraîne une conséquence agréable et un sentiment de plaisir a plus de chances d'être reproduit ultérieurement qu'un comportement ignoré ou entraînant une conséquence négative et désagréable. Plusieurs études démontrent d'ailleurs que le renforcement et la récompense sont meilleurs que la punition et le blâme afin d'entraîner un changement de comportement, et ce, autant chez l'enfant que chez l'adulte (dans un milieu de travail, par exemple).

LE SYSTÈME DE RENFORCEMENT

Dans le chapitre précédent, nous parlions de la balance de l'estime de soi. D'un côté de la balance pèse le poids des félicitations et des mots gentils que vous dites à l'enfant au cours d'une semaine, tandis que de l'autre pèse le poids des réprimandes et de toutes les fois où vous lui avez souligné ses erreurs, ses oublis et ses mauvais coups. Quel côté pèse le plus lourd ? Si vous avez un enfant opposant, parions que c'est le côté des blâmes et des reproches. Rappelez-vous également que ce que vous reflétez à l'enfant par vos paroles construit et déconstruit l'image qu'il a de lui-même. On veut donc se trouver le plus souvent possible du côté positif de la balance afin de s'assurer que l'enfant se construise une image positive et forte de lui-même.

Avec un système de renforcement, on cherche justement à renverser cette tendance à la négativité, et on veut se donner des moyens pour féliciter l'enfant et lui faire vivre un quotidien valorisant et positif. Au-delà de la récompense, l'enfant vit des succès et devrait prendre goût aux interactions positives plutôt qu'aux interactions négatives.

Les 12 travaux du système de renforcement

Les hommes les plus forts de l'Histoire, comme Hercule, Astérix et Obélix, ont eu à prouver leur force en accomplissant 12 travaux choisis pour eux. Si vous voulez mon avis, être un bon parent est une tâche qui demande bien plus de force, de courage et de détermination que ce dont ont fait preuve ces personnages mythiques. (Et aucune potion magique n'existe pour faire de nous de meilleurs parents !)

INTERVENTION 2

Afin de prouver votre force — et parce que je sais que vous êtes capables de le faire —, voici ce que je vous ai préparé : les 12 travaux du système de renforcement.

TRAVAIL N° 1
Formuler peu d'objectifs à la fois

Attention! On ne règlera pas tout d'un coup. Il faut faire des choix et voir notre système de renforcement comme un processus à moyen terme. La première règle pour qu'un système de renforcement fonctionne consiste donc à déterminer les bons objectifs en fonction de l'âge et des capacités de l'enfant. Il ne doit pas y en avoir trop à atteindre, sinon l'enfant s'y perd. De toute façon, si le nombre d'objectifs imposés à l'enfant dans une journée est trop élevé, les parents risquent eux-mêmes de perdre le fil de toutes les tâches à renforcer et de perdre leur constance dans leurs interventions. Il faut donc choisir nos combats et ne cibler que quelques comportements sur lesquels travailler au cours des prochaines semaines.

Ainsi :
- **Chez les enfants de 4 à 6 ans : deux objectifs par jour**
- **Chez les enfants de 7 à 8 ans : trois objectifs par jour**
- **Chez les enfants de 9 à 12 ans : trois ou quatre objectifs par jour**

TRAVAIL N° 2
Formuler des objectifs concrets

Il est très important que les objectifs soient concrets et mesurables. Surtout dans le cas d'un enfant opposant! Si l'objectif est un peu flou ou sujet à l'interprétation, soyez assuré que l'enfant argumentera et négociera lorsque vous lui direz qu'il ne mérite pas de renforcement aujourd'hui. Imaginons l'objectif suivant : « Tu seras gentil toute la journée ». Cet objectif est flou, car il ne définit pas ce que c'est qu'être gentil. Vous serez alors soumis à ce genre de discussion avec l'enfant : « Si toute la journée j'ai été gentil, mais qu'une seule fois j'ai un peu poussé mon petit frère, est-ce que j'ai été gentil quand même ? ». À partir de ce moment, où est la limite entre avoir été suffisamment gentil ou pas suffisamment gentil pour être récompensé ? Voici plutôt une liste d'objectifs concrets :

▪ Pour la routine du matin :

- À 7 h, tu dois être sorti du lit
- À 7 h 15, tu dois être habillé
- À 7 h 45, tu dois avoir terminé ton déjeuner

▪ Pour la période des devoirs :

- À 16 h, tu dois être assis à table, ton agenda doit être ouvert et tu dois être prêt à commencer tes devoirs
- Il ne doit y avoir ni larmes, ni crise pendant la période des devoirs

▪ Pour la période des repas :

- Tu manges au moins une portion de légumes à chaque repas (tu pourras choisir lesquels parmi deux ou trois options).
- Lorsque j'annonce que le repas est prêt, tu as cinq minutes pour terminer ce que tu es en train de faire (sauvegarder et fermer un jeu vidéo par exemple) et venir t'asseoir à table.

▪ Pour la routine du coucher :

À 20 h, tu dois être dans ton lit, et avoir auparavant :

- pris ton bain ou ta douche;
- brossé tes dents;
- mis ton pyjama et rangé tes vêtements de la journée.

INTERVENTION 2

- **Pour la participation aux tâches ménagères :**

  - Tu dois aller porter ton assiette et tes ustensiles dans le lave-vaisselle lorsque le repas est terminé.

  - Les vendredis, au retour de l'école et avant le repas du soir, tu déposes tes vêtements sales dans la laveuse.

Il s'agit de quelques exemples d'objectifs concrets et mesurables. Pour chacun d'entre eux, il est possible de voir si l'objectif a été atteint ou pas. Les objectifs de routine peuvent être assortis de l'heure exacte à laquelle ils doivent être exécutés. Cela facilite encore plus l'attribution ou non de la récompense et l'établissement d'une routine simple pour l'enfant. Évidemment, l'enfant doit être en âge de lire l'heure et de comprendre le passage du temps pour mettre cette mesure en place.

TRAVAIL N° 3
Formuler des objectifs de manière positive

En général, il est préférable de dire à l'enfant ce que l'on attend de lui plutôt que ce que l'on ne veut pas qu'il fasse. Ainsi, on encourage un bon comportement. En outre, lorsque l'objectif est formulé de manière positive, l'enfant sait exactement ce qu'il doit faire. À l'opposé, lorsque la formulation est négative (par exemple : « tu ne dois pas... »), l'enfant sait ce qu'il ne doit pas faire, mais il ne sait pas explicitement quel comportement adopter à la place.

Il est important — autant que possible — de formuler les objectifs de manière positive, mais je dois dire qu'il m'arrive parfois de déroger à ce principe. Par exemple, dans les propositions d'objectifs à la section précédente, j'écrivais : « Il ne doit y avoir ni larmes, ni crise pendant la période des devoirs ». C'est un exemple de formulation négative à éviter. Par contre, dans le cas d'un enfant qui pleure et qui fait des crises tous les soirs pendant la période des devoirs, je trouve cet objectif parlant et concret. Plus encore qu'un objectif formulé de manière positive comme : « Tu effectueras tes devoirs en adoptant une bonne attitude ». Cette formulation est positive, mais me semble beaucoup plus floue pour l'enfant.

TRAVAIL N° 4
Préparer un tableau visuel et un renforcement tangible

Le fait de mettre un tableau avec les objectifs inscrits ou des pictogrammes pour les illustrer donne un point de repère visuel et facile à suivre pour l'enfant. Ce tableau, affiché dans un endroit bien visible, joue également le rôle de rappel de ce que l'enfant a à faire afin d'éviter qu'il ne l'oublie.

TRAVAIL N° 5
La récompense doit arriver rapidement

Lorsque l'enfant a atteint son objectif, il doit être immédiatement récompensé. C'est ce que l'on appelle la contingence de la récompense. Si la récompense arrive immédiatement après l'acte, le cerveau créera un lien plus fort entre l'acte et le plaisir que si la récompense arrive plus tard dans la journée. Pour ce faire, nous utiliserons un système de récompense en deux temps. Premièrement, l'enfant reçoit une récompense symbolique immédiatement après avoir atteint son objectif. Il peut s'agir d'un autocollant sur le tableau ou d'un jeton à garder dans une banque de jetons, par exemple. Au moment où on remet l'autocollant ou le jeton à l'enfant, on en profite pour le féliciter et lui dire que l'on est fier de lui, qu'il nous impressionne et qu'il devient vraiment autonome et responsable.

INTERVENTION 2

Dans un deuxième temps, les jetons ou les autocollants sont compilés et l'enfant peut les utiliser pour « s'acheter » des privilèges. Pour les plus jeunes (4 à 7 ans), les privilèges doivent être donnés le jour même. Pour les plus vieux (8 à 12 ans), les privilèges peuvent être reportés à la fin de la semaine, par exemple (mais pas plus tard!). On compile alors tous les jetons obtenus durant la semaine.

TRAVAIL N° 6
Offrir des privilèges, pas des babioles

Cette règle est très importante. On ne veut pas mettre en place un système dans lequel l'enfant reçoit sans cesse de petits jouets sans valeur. Les récompenses ne devraient donc pas être matérielles. Il est préférable d'offrir des privilèges immatériels, comme de petites autorisations spéciales que l'enfant se mérite et qui lui font plaisir. Voici une liste de privilèges intéressants :

- Accès à la section des desserts spéciaux. L'enfant pourra en profiter seulement s'il les gagne par le système de renforcement.

- Accès à un jouet spécial (un jouet et un seul) que l'on achète, que l'on range et avec lequel l'enfant ne peut jouer que lorsqu'il a atteint les objectifs de sa journée.

- Permission de se coucher plus tard le soir. Chaque jeton (ou autocollant) permet de se coucher cinq minutes plus tard que l'heure habituelle. Évidemment, il faut être très ferme quant à l'heure du coucher en l'absence de jetons pour que ceux-ci aient une valeur.

- Chaque jeton ou autocollant vaut dix minutes de télévision (ou de jeux vidéo, ou de tablette électronique). Par exemple, pour écouter une émission télé de 30 minutes, l'enfant doit avoir accumulé trois jetons.

- Chaque jeton ou autocollant donne droit à la lecture de quatre pages d'une bande dessinée avant le dodo.

- Un certain nombre de jetons accumulés pendant la semaine donne le droit à l'enfant d'inviter un ami le vendredi soir pour une soirée film et maïs soufflé à la maison. Avec plus de jetons, on peut même inviter l'ami à rester dormir pour la nuit.

Ce que j'aime bien, c'est utiliser ce système pour renverser complètement la punition en renforcement. L'instinct naturel des parents est le suivant : l'enfant a droit à la tablette à raison de tant de minutes par jour. Par contre, lorsqu'il a un comportement répréhensible, il est puni et on lui retire l'accès à la tablette. L'intervention est donc punitive et le message qu'on envoie à l'enfant est qu'il a fait quelque chose de mal et qu'on est déçu de lui.

Je propose plutôt que d'emblée, l'enfant n'ait pas droit à la tablette. Par contre, s'il atteint ses objectifs, il peut accumuler des minutes d'utilisation de la tablette. L'intervention du parent est donc beaucoup plus positive puisqu'il s'agit de donner une récompense et de féliciter l'enfant pour son bon comportement en lui octroyant un privilège. En somme, il s'agit d'amener l'enfant à gagner maintenant ce qu'il tenait auparavant pour acquis.

TRAVAIL N° 7
Trouver les bons leviers

La récompense est au cœur du système de renforcement. Pour que le système fonctionne, il faut trouver un levier suffisamment stimulant pour inciter l'enfant à se mobiliser et à changer son comportement. Qu'est-ce que votre enfant désire à un point tel qu'il est prêt à faire des sacrifices pour l'obtenir ? Il faut trouver des privilèges auxquels l'enfant tient et pour lesquels il se mobilisera afin d'adhérer au système mis en place.

TRAVAIL N° 8
Viser 80 % de réussite

Un enfant ne devrait pas réussir à 100% tous les objectifs du tableau de renforcement. Si c'est le cas, cela signifie que les objectifs sont trop faciles à atteindre. Non seulement vous ne travaillez ou n'entraînez rien chez l'enfant, mais celui-ci aura tôt fait de se désintéresser de ce système qu'il jugera trop peu stimulant.

Par contre, si l'enfant rencontre un taux de réussite de 60% ou moins, il commencera à sentir qu'il vit plus souvent des échecs que des réussites. Le système mis en place occasionnera des frustrations et risque d'augmenter l'occurrence de comportements d'opposition et de crise, soit tout le contraire de ce que l'on vise à faire. Dans ce cas, c'est dire que les objectifs imposés à l'enfant sont trop difficiles à atteindre et celui-ci risque de se désengager du système par dégoût et par frustration.

On devrait donc viser un taux de réussite d'environ 75-80%. L'enfant obtiendrait son jeton ou son autocollant plus ou moins trois fois sur quatre, ou quatre fois sur cinq, ce qui lui permettrait d'obtenir un privilège. Par exemple, si l'enfant doit atteindre trois objectifs par jour et que le privilège de la semaine est celui d'une soirée film et maïs soufflé avec un ami le vendredi soir, on accordera ce privilège si l'enfant a atteint 12 objectifs sur 15 (80%) dans la semaine de cinq jours.

Si certains objectifs sont plus exigeants, on peut les combiner avec des objectifs que l'on sait plus faciles à atteindre (des choses que l'enfant fait déjà bien) afin d'assurer à l'enfant un succès s'approchant du 80 % au cours de la semaine. Cela nous offre également une belle occasion de le féliciter pour ce qu'il fait de bien.

TRAVAIL N° 9
Personnaliser les défis et les récompenses

Si vous avez plusieurs enfants, il est important de personnaliser les défis et les récompenses pour chacun d'eux. Si vous faites un même tableau pour tout le monde, il y a certainement un enfant qui vous dira que « ce n'est pas juste » parce que pour sa sœur « ce défi-là est super facile » alors que lui peine à le relever. Il est donc préférable de vous assurer que chaque enfant reçoive des défis qu'il est capable de réussir à 80 %, de même que des renforcements qui lui sont propres et qui sont de bons leviers pour lui. Avantage non négligeable, cette « personnalisation des défis » permet aussi d'éviter les comparaisons entre frères et sœurs.

TRAVAUX N°s 10 ET 11
Constance et constance !

Eh oui ! Deux travaux pour le prix d'un ! Je veux souligner ici l'importance d'appliquer systématiquement les règles, les conséquences, mais également les renforcements promis à l'enfant. L'inconstance représente probablement le piège numéro un pour faire échouer un bon système de renforcement.

INTERVENTION 2

TRAVAIL N° 12
Développer un système dynamique !

Un enfant peut se lasser d'un système de renforcement. S'il a les mêmes objectifs et les mêmes privilèges pendant plusieurs semaines, il s'en fatiguera et ne sera plus motivé. Je propose donc la mise en place d'un système plus dynamique dans lequel les objectifs et les renforcements changent régulièrement. Pour ce faire, je suggère aux parents qu'ils s'asseoient ensemble un soir, lorsque les enfants sont couchés, afin d'établir une liste de défis. Il faut prévoir certains défis plus difficiles, et d'autres que l'enfant réussira facilement. On inscrit ensuite ces défis sur des bouts de papier que l'on dépose dans un panier. De la même façon, on produit une liste de privilèges que l'enfant peut se mériter, que l'on découpe et que l'on dépose dans un second panier. Un dimanche soir sur deux, on organise une activité familiale où les enfants pourront piger, par exemple, deux ou trois défis, ainsi que deux ou trois privilèges qui seront associés à ces défis. Au bout de deux semaines, ceux-ci sont remis dans le panier, et on procède de nouveau à une pige pour déterminer les défis et privilèges des deux semaines qui suivront. De cette façon, on stimule constamment l'intérêt de l'enfant envers le système de renforcement.

INTERVENTION 3
Couper l'argumentation

> **Il est beaucoup plus facile pour un philosophe d'expliquer un nouveau concept à un autre philosophe qu'à un enfant. Pourquoi ? Parce ce que l'enfant pose les vraies questions.**
>
> — Jean-Paul Sartre (1905 – 1980), écrivain et philosophe

Vrai ! Un enfant, ça pose beaucoup de questions ! De façon générale, il s'agit d'un comportement à valoriser : c'est un signe de curiosité et d'intelligence. L'enfant explore par ses questions et apprend par nos réponses et explications. Lorsqu'il s'agit de règles et de consignes, l'enfant qui pose des questions apprend à aller au-delà de la règle pour comprendre les raisons qui la sous-tendent. Ce processus de questionnement est très sain et permettra éventuellement à l'enfant d'agir, pas uniquement pour respecter les règles, mais surtout pour respecter le principe moral qui se trouve derrière.

C'est donc aux parents (et parfois aux enseignants) que revient cette tâche d'expliquer les règles et les consignes aux enfants. Et il est important qu'ils le fassent !

INTERVENTION 3

On peut diviser les règles et les consignes en trois grandes catégories : 1) les règles qui mènent l'enfant vers l'autonomie dont il aura besoin une fois adulte, 2) les règles visant sa protection et sa sécurité et 3) les règles visant le respect de l'autre. Quand on impose ces règles à l'enfant au départ, il est utile d'en expliquer le raisonnement sous-jacent. Par exemple, il est bien d'expliquer à l'enfant qu'on lui demande de s'excuser s'il fait mal à quelqu'un parce que cela montre qu'il ne l'a pas fait exprès, en plus de faire du bien à l'autre. Voici quelques exemples de chaque type de règle :

1. Les règles qui mènent vers l'autonomie

Ce sont les règles qui servent à éduquer l'enfant, à en faire un adulte qui pourra occuper un emploi, être responsable, s'occuper d'une maison ou d'un appartement et s'occuper de sa propre personne, par exemple :

- Fais tes devoirs
- Prends ta douche (ton bain)
- Brosse tes dents
- Range ta chambre

2. Les règles visant la santé, la protection et la sécurité de l'enfant

- Mange tes légumes
- Ne traverse pas la rue seul ou regarde des deux côtés avant de traverser
- Ne parle pas aux étrangers
- Habille-toi chaudement avant de sortir
- Reviens du parc avant 19 h

3. Les règles visant le respect de l'autre

Il s'agit de la catégorie de règles pour lesquelles il me semble le plus important de fournir des explications à l'enfant. Souvent, la raison sous-jacente est beaucoup moins évidente à déduire pour l'enfant parce qu'elle implique les besoins de l'autre et non uniquement les siens. Expliquer ces règles est primordial, car cela permet à l'enfant de se décentrer de lui-même et de ses besoins, pour développer sa conscience de l'autre et son empathie.

- Partage tes jouets avec ton ami
- Demande pardon, tu as fait mal à ta sœur
- Dis « s'il vous plaît » et « merci »
- Parle moins fort
- Ferme ta bouche lorsque tu manges
- Respecte tes promesses
- Contribue aux tâches ménagères (celle-ci pourrait également faire partie des règles visant à amener l'enfant à être un jour un adulte autonome)

Il est donc important d'expliquer nos règles et nos consignes aux enfants, mais aussi de répondre à leurs interrogations. C'est bien de le faire la première fois, lorsqu'on impose une nouvelle règle ou lorsqu'on formule une nouvelle demande à l'enfant. C'est bien de le faire une deuxième fois lorsque l'enfant a oublié ou ne se rappelle plus très bien de nos explications. Peut-être même une troisième fois pour être certain que le message est bien assimilé par l'enfant.

Par contre, s'il faut expliquer trop souvent, on est rendu dans l'argumentation. C'est ce qui arrive par exemple avec un enfant de 7 ans à qui on demande de ranger ses jouets tous les soirs depuis qu'il a 4 ans et à qui on explique pour une trois cent cinquantième fois la raison de cette demande. En réalité, la très grande majorité des consignes et des demandes auxquelles l'enfant s'oppose sont connues depuis longtemps, tout comme les raisons qui les sous-tendent. Inutile de les réexpliquer encore et encore.

L'argumentation est un jeu de ballon

Repensez aux dernières joutes d'argumentation que vous avez eues avec votre enfant. Je pense ici à ces fois où vous avez formulé une demande à laquelle l'enfant s'est opposé et où votre réaction aura été d'expliquer son bien-fondé. Ces fois où vous avez usé de fines explications, très rationnelles, afin de bien détailler les raisons de votre consigne, espérant convaincre votre enfant de s'y conformer. Après tout, votre demande était pleine de bon sens et visait probablement à favoriser le développement de votre enfant, à préserver sa sécurité ou à lui enseigner la bienséance et le respect d'autrui. Alors? En y repensant bien, est-ce que votre démarche a fonctionné? Votre enfant a-t-il compris que votre demande était juste? S'est-il conformé? Se peut-il qu'il ait plutôt opposé ses propres arguments aux vôtres? Et dites-moi... Se pourrait-il que cela ait contribué à vous irriter, à vous faire perdre patience? Dans certains cas, ce genre de situation finit par déboucher sur une crise, à laquelle les parents doivent mettre un terme de manière autoritaire...

Si vous avez un enfant opposant, il est probable que cela vous soit déjà arrivé. Or, il y a un constat à faire ici : **l'argumentation et les explications sont des interventions inefficaces.** Plutôt que d'aider à les résoudre, elles accentuent les problèmes d'opposition.

COUPER L'ARGUMENTATION

Pour vous convaincre de l'inefficacité de l'argumentation avec un enfant opposant, repensez de nouveau à ces échanges avec vos enfants. Est-il déjà arrivé que votre enfant écoute vos explications et réponde : « Eh bien, maman, je n'avais vraiment pas vu la situation de cette manière. Je trouve que tu as vraiment raison. Je vais faire ce que tu me demandes ! » ?

Selon Einstein, « la folie, c'est de répéter les mêmes actions encore et encore et de continuer à espérer un résultat différent ». Ainsi, dans une situation donnée, si on constate que notre stratégie ou notre approche ne fonctionne pas, il faut la changer ! En neuropsychologie, c'est ce que l'on appelle la flexibilité cognitive.

Avec des enfants opposants, le problème le plus fréquent, sur lequel les parents ont d'ailleurs tout le loisir d'agir, est celui de l'argumentation. Si vous vous reconnaissez dans la description du parent qui argumente, dites-vous que ça semble être un réflexe généralisé. On fait TOUS ça ! Mais au final, **l'argumentation avec un enfant opposant n'est qu'un jeu de ballon qui entretient l'opposition.** L'enfant s'oppose à une demande et envoie son argument, on reçoit l'argument et on lui retourne une explication, l'enfant remet l'explication en question, on reçoit ses nouveaux arguments et on lui retourne une nouvelle justification... Bref, l'enfant envoie le ballon, on l'attrape, on le relance, il l'attrape et nous le relance de nouveau... et ainsi de suite. Et si on laissait passer le ballon, sans l'attraper ?

INTERVENTION 3

Le cycle de l'opposition

Le neuropsychologue américain Russell Barkley[6] a établi un modèle qui illustre remarquablement bien le cycle de l'opposition entre un enfant et son parent. J'ai repris ce modèle et je l'ai adapté pour le présenter dans la figure ci-dessous. On y comprend rapidement le rôle de l'argumentation comme moteur des comportements d'opposition.

Le cycle de l'opposition[7]

Figure 4 : Cycle de l'opposition selon R. A. Barkley

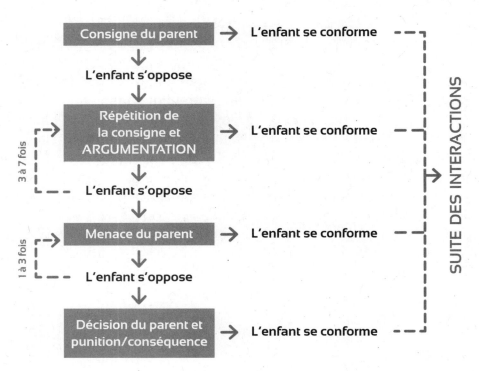

---

6 Barkley, R. A. (1981). *Hyperactive Children : A Handbook for Diagnosis and Treatment.* Gilford Press, p. 100.

7 Adapté, traduit de l'anglais et reproduit avec la permission de Guilford Press. Publication d'origine : Barkley, R.A. (1997), *Defiant Children, A Clinician's Manual for Assessment and Parent Training, second edition.* Gilford Press. p.28, Figure 1.2.

Cycle de l'opposition : étape 1

Deux points de départ sont possibles : le parent formule une demande qui déplaît à l'enfant ou lui refuse quelque chose qu'il désire. C'est l'étape de la consigne à l'enfant.

En réponse à la consigne, l'enfant s'oppose et commence à argumenter. Il peut amorcer cette étape avec un certain calme, mais son ton de voix ne laisse aucun doute : il essaie de convaincre son parent. La voix de l'enfant peut alors être plaintive ou agressive, il peut sembler au bord des larmes. (En fait, s'il n'adopte pas ces comportements plus désagréables dès le départ, ceux-ci finiront par apparaître à un certain moment pendant le cycle d'opposition qui s'en vient.)

En réponse aux arguments de l'enfant qui s'oppose, le parent sent le besoin d'expliquer sa consigne. Alors il explique. Il explique et réexplique. Il reformule ensuite pour mieux réexpliquer de nouveau sa décision. C'est le cycle de l'argumentation.

À chaque explication du parent, l'enfant oppose un nouvel argument. Dans d'autres cas, bien absorbé par sa crise, il répète sans cesse le même argument. Les propos du parent ne semblent avoir aucun impact. Le parent continue pourtant d'essayer de le raisonner parce que, se dit-il, « je suis un bon parent, je parle avec mon enfant ». Pourtant, un sentiment commence à monter en lui. Un sentiment qui ressemble à de l'irritation, à de l'impatience, parfois même à de la colère.

Cycle de l'opposition : étape 2

Le jeu de ballon dure donc le temps de trois à sept échanges en moyenne puis, irrité, le parent passe à la prochaine étape : la menace. Le parent pense alors mettre un terme à cet échange qui, il le constate maintenant, ne va nulle part. Il menace donc l'enfant de lui imposer une conséquence négative. Une punition ou la perte d'un privilège. L'enfant peut alors choisir de se conformer à la demande du parent, par peur de la menace. Par contre, l'enfant opposant est souvent trop engagé dans le processus à ce moment pour s'apaiser et se soumettre à la consigne de départ. Alors l'argumentation continue, mais subit un subtil changement de direction. L'enfant ne remet plus la consigne de départ en question, mais plutôt la menace de punition ! À ce moment, le parent reprend le jeu de ballon. Il justifie la punition qu'il menace d'imposer et explique pourquoi il devra imposer une punition si l'enfant ne se conforme pas. L'argumentation reprend de plus belle. La tension monte.

Cycle de l'opposition : étape 3

C'est la crise. L'enfant sent qu'il n'a plus de porte de sortie. Il explose. À bout de patience, le parent en colère impose alors une punition qui s'avère souvent démesurée par rapport à l'évènement déclencheur (souvent banal) du début. Le parent sent à ce moment qu'il perd le contrôle de lui-même et se surprend à crier contre son enfant ou à lui serrer le bras trop fort pour le conduire à sa chambre. Voyant cela, l'enfant peut lui-même perdre le peu d'autocontrôle qu'il parvenait encore à préserver. Mis en retrait, il hurle, crie, frappe dans sa porte, lance des objets, se désorganise complètement.

COUPER L'ARGUMENTATION

Cycle de l'opposition : étape 4

Enfin revient le calme après la tempête. Le parent et l'enfant prennent conscience des proportions démesurées de la crise. Parfois, on ne se rappelle même plus ce qui l'a déclenchée. Le parent regrette alors sa perte de contrôle et s'en veut. La prise de conscience est difficile et frappe fort. Alors qu'il se considérait comme un bon parent, capable d'expliquer ses demandes à son enfant, il constate qu'il a utilisé une certaine forme de violence envers ce dernier. Il se dévalorise, il regrette. Surtout si ce n'est pas la première fois que ce genre de situation se produit. « Mais comment un enfant de 8 ans peut-il me faire perdre le contrôle ainsi ? », pensera l'un. « Quel parent incompétent faut-il être pour être incapable de se faire respecter par son enfant de 6 ans ? », se dira un autre. C'est le moment des remords. Le parent s'excuse auprès de son enfant et il laisse tomber, en tout ou en partie, la punition excessive qu'il a imposée. Le fait de s'être emporté et de devoir s'excuser diminue la valeur de notre autorité aux yeux de l'enfant. Le fait de laisser tomber une conséquence imposée à l'enfant diminue également la valeur de nos punitions et envoie le message qu'une punition imposée sous le coup de la colère sera très certainement révoquée par la suite.

L'argumentation de l'enfant opposant : un processus irrationnel

« Mais pourquoi refuse-t-il de comprendre ? » Voilà toute la question ! (Et cette question peut rendre un parent complètement fou, croyez-moi !) Pourquoi semble-t-il impossible d'expliquer quelque chose de simple et de logique à un enfant ?

Parce que l'argumentation chez un enfant est un processus irrationnel et émotif. L'enfant de moins de 12 ans ne possède pas (ou peu) la pensée formelle (qui lui permettrait d'argumenter en suivant une démarche logique).

L'argumentation, un processus émotif

Chaussons pour un instant les souliers de l'enfant qui s'oppose. Nous avons déjà déterminé à l'étape 1 du cycle d'opposition que le déclencheur est une demande du parent qui déplaît à l'enfant ou un refus du parent à une demande de l'enfant. Dans les deux cas, l'enfant vit une frustration. Cela peut devenir très intense et émotif pour lui. La suite est vraie pour tout le monde, pas seulement pour les enfants : lorsque les émotions nous envahissent, la pensée rationnelle et raisonnable nous quitte. On parle avec le cœur et non avec la tête. C'est exactement dans cet état que se trouve l'enfant qui s'oppose. Lorsqu'on tente de raisonner avec lui, on tente de parler à sa raison et à sa logique. Lui nous parle avec ses émotions. Il n'y a pas de terrain commun possible, nos explications pourtant claires et logiques ne mènent à rien.

La pensée formelle, un prérequis

L'argumentation chez l'adulte est une démarche de raisonnement logique qui ressemble à peu près à ceci : « Considérant que le fait numéro 1, le fait numéro 2 et le fait numéro 3 sont en lien avec ton éducation, ta santé ou le respect de l'autre, je conclus que la consigne suivante est la bonne ». Dans la vraie vie, ce pourrait être quelque chose comme : « Puisque le brocoli procure des vitamines à ton corps, et puisque ces vitamines sont importantes pour ta santé et pour ta croissance, considérant également que je juge important que tu développes tes goûts et que tu consommes une plus grande variété d'aliments, j'insiste pour que tu manges ton brocoli ». Ici, les arguments ont un fondement logique et la conclusion comporte un lien avec les arguments qui précèdent. Pour être capable de formuler une telle argumentation, il faut avoir acquis ce qu'on appelle la pensée formelle, ce qui se produit vers l'âge de 10 ou 12 ans environ.

L'argumentation de l'enfant n'étant pas alignée sur cette logique, elle risque de partir dans tous les sens. L'enfant nous entraîne alors dans une argumentation illogique qui ne mène à rien. Par exemple :

- Ma chérie, j'aimerais que tu ranges tes jouets avant d'aller te coucher.

- Non maman, je vais les ranger demain.

- Je veux que tu les ranges maintenant, sinon tu risques de trébucher si tu te lèves pendant la nuit. (Argument logique.)

- C'est injuste ! Les parents d'Aurélie, eux, ne lui demandent jamais de ranger ses jouets ! (Argument illogique : l'enfant fait appel à un absolu (le mot « jamais ») pour faire valoir son point.)

- Eh bien, peut-être que ton amie Aurélie a moins de jouets que toi ! (Le parent entre dans l'argumentation de l'enfant, qui dévie et qui n'est donc plus logique. Le nombre de jouets d'Aurélie n'a rien à voir avec la demande initiale.)

- Tu sauras que tous mes amis ont plus de jouets que moi! (Encore une fois, l'argument est irrationnel et dévie de plus en plus de la demande initiale.)

- Ah! C'est ce que tu crois? Veux-tu aller vivre chez une de tes amies pour voir? (Ici, le parent s'est laissé dériver dans une argumentation illogique qui n'est plus du tout en lien avec la demande faite au départ. On s'obstine pour quoi exactement? Pour savoir qui a le plus de jouets? Pour déterminer si la jeune fille devra aller vivre chez une de ses amies? On sait bien que cela n'arrivera jamais!)

On le voit bien, l'enfant de moins de 12 ans ne peut pas argumenter de la même manière qu'un adulte. L'argumentation illogique et irrationnelle ne peut simplement pas fonctionner. Elle peut encore moins mener à une entente! (Cela changera à l'arrivée de l'adolescence. Une part d'argumentation et de négociation sera alors possible — et souhaitable. Cela vous rassure-t-il?)

Couper l'argumentation : la méthode du « un, deux, trois »

J'espère donc vous avoir convaincu à ce moment-ci de la non-pertinence de l'argumentation, des justifications et des explications sans fin avec l'enfant qui s'oppose. L'idée à retenir ici est la suivante : **l'argumentation est un carburant qui nourrit le cycle de l'opposition. Coupez l'argumentation, vous couperez l'opposition.**

Parfois, il suffit de laisser la parole à l'enfant et de montrer votre écoute et votre compréhension. Le simple fait de se sentir entendu peut s'avérer fort apaisant pour lui, et ce, même si on n'acquiesce pas à sa demande. Si vous arrivez simplement à lui communiquer que vous avez bien saisi ce qu'il dit et que vous comprenez que ses demandes sont importantes pour lui, l'enfant ressentira beaucoup moins le besoin d'argumenter. L'enfant qui répète et argumente est souvent un enfant qui sent que ses demandes ne sont pas comprises, considérées, validées et entendues.

Par ailleurs, certains enfants continuent malgré tout à argumenter pour tout et pour rien. Une manière simple et directe de mettre un terme à l'argumentation est de répondre calmement, mais fermement : « Arrête ». S'il poursuit son argumentation, on répète de nouveau « Arrête », jusqu'à ce qu'il se conforme à notre demande ou accepte notre décision.

Une autre excellente méthode pour couper l'argumentation est celle du « un, deux, trois, retrait ». L'objectif poursuivi ici est de couper l'argumentation dès le départ et d'éviter tout le cycle de l'opposition décrit plus haut.

INTERVENTION 3

La situation initiale demeure la même : un refus qui frustre l'enfant ou une demande qui lui déplaît. À ce moment, on répétera la demande une seule fois et on coupera rapidement l'argumentation et les explications en disant : « Je compte jusqu'à trois » et en commençant à compter à voix haute « Un... Deux... Trois... » et en laissant environ trois secondes entre chaque chiffre. Pour que cette méthode fonctionne, il faut absolument :

- Compter à un rythme régulier. Si on compte rapidement « Un, deux... » et qu'on attend trop longtemps avant le trois, l'enfant comprendra qu'il peut étirer le délai. Éviter aussi les fractions ! Pas de : « Un... Deux... Deux et demi... Deux et trois quarts... ». Cela fait encore comprendre à l'enfant qu'il peut bénéficier d'un délai supplémentaire, en plus de lui laisser entendre qu'on ne veut pas vraiment se rendre à « trois ».

- Une fois le « trois » prononcé, aucun retour en arrière n'est possible. Il est trop tard. L'enfant devra subir une conséquence désagréable. Même s'il s'empresse de promettre de ramasser ses jouets, il est trop tard. Il doit donc comprendre que les prochaines fois, il ferait mieux de s'exécuter aussitôt que le décompte commence plutôt que de tester la limite.

Après le décompte, si l'enfant ne s'est pas conformé à la demande, on impose une conséquence négative. Dans ce genre de situation, je privilégie le retrait punitif. On retire l'enfant de l'interaction et on l'envoie s'asseoir sur une chaise, sur une marche d'escalier ou dans une pièce comme sa chambre, la salle d'eau ou le vestibule à l'entrée de la maison. Il est de mise de prédéfinir la durée de la période de retrait et d'en informer l'enfant. On ne parle pas d'un retrait de 20, 30 ou 60 minutes ici ! Cinq à dix minutes suffisent pour permettre une coupure — et donc une transition entre ce que l'enfant faisait et ce qu'il devra ensuite faire pour répondre à notre demande. Ces quelques minutes permettent également de couper court à

COUPER L'ARGUMENTATION

l'argumentation et donc d'éviter de provoquer de la colère de part et d'autre, ce qui arrive souvent quand l'argumentation s'éternise.

Ce qui est fondamental avec cette méthode, c'est que ce n'est pas le retrait en soi qui est punitif pour l'enfant, mais bien la coupure du lien avec le parent. L'enfant est déstabilisé : il ne peut plus argumenter, il lui est impossible d'interagir davantage avec ses parents. Par conséquent, **pour que la méthode du retrait fonctionne, il faut absolument couper toute interaction avec l'enfant.** Tout de suite après avoir dit « trois », les seuls mots que le parent doit prononcer sont : « Retrait, dix minutes dans ta chambre ». À partir de ce moment, **on ne dit plus un seul mot,** jusqu'à ce que les dix minutes de retrait soient terminées. Si l'enfant s'oppose au retrait, pas un mot. On l'amène à sa chambre (dans nos bras si nécessaire), en faisant attention de ne pas le blesser.

À ce moment, il est possible que l'enfant hurle, frappe dans les murs, défasse les tiroirs de sa commode et vous crie toutes sortes d'injures comme : « Je te déteste », « Je vais m'enfuir de la maison », « Je ne veux plus vivre dans cette famille », « Tu es la pire mère du monde »... C'est souvent à ce moment qu'il vous en fait vraiment voir de toutes les couleurs! Cela dit, sa réaction démontre bien que la coupure du lien est déstabilisante. En d'autres mots, votre punition fonctionne. Il faut à tout prix éviter d'entrer dans ce type d'interaction. Résistez à la tentation de répondre : « Moi, je t'aime en tout cas ». Gardez le silence pendant toute la période de retrait (et endurez le boucan!).

À la fin de la période de retrait, on retourne voir l'enfant et on rétablit le lien de façon aimante. Il est important d'adopter un ton calme et apaisant, de montrer qu'on n'est pas fâché et d'aider l'enfant à apaiser les restes de sa peine ou de sa colère à l'aide de caresses, de câlins et de mots doux. On lui indique alors que la période de retrait est terminée et on lui demande s'il est calme et s'il est prêt à

INTERVENTION 3

faire ce qu'on lui avait demandé au départ. La formulation pourrait ressembler à ceci : « Maxime, tes dix minutes de retrait sont maintenant terminées. Es-tu calme ? Es-tu prêt à ranger tes jouets ? ». Si l'enfant se calme et accepte de se conformer à la demande, la punition est terminée. Il range ses jouets et les interactions normales se poursuivent. En tout et pour tout, à partir de la demande initiale, moins de quinze minutes se seront écoulées avant l'exécution de la demande. Admettons que c'est beaucoup plus rapide que les longues périodes d'argumentation et de crise !

Si, au moment de rétablir le lien, l'enfant verse de nouveau dans la crise, on tente d'abord de l'accompagner dans son apaisement par des caresses dans le dos ou dans les cheveux, par exemple, ou en se collant un peu pour écouter de la musique pendant quelques minutes. Si l'enfant refuse notre présence et que nos bonnes intentions ne font qu'amplifier la crise, on quitte simplement les lieux en ajoutant une autre période de retrait de la même durée, et ainsi de suite jusqu'à ce que l'enfant accepte de se conformer à la demande.

Dans tout ce processus, puisque le parent n'argumente pas, il ne vit pas la frustration qui aurait pu être liée au fait de n'avoir pas été entendu ou d'avoir échoué dans sa tentative d'obtenir la coopération de l'enfant. Cela facilite grandement sa capacité de rester en contrôle devant l'enfant. En effet, avec cette méthode, le parent ne devrait jamais crier ni se fâcher. Il utilise un ton ferme, mais calme. Si le parent désire expliquer pourquoi il a formulé sa demande, il pourra le faire après que celle-ci ait été exécutée, après la période de retrait. Les esprits seront alors calmés et le temps sera davantage propice aux explications, puisque l'enfant sera alors plus réceptif et le parent, plus calme.

Rappelez-vous. Cette méthode permet d'imposer une limite à l'enfant avant que vous n'ayez atteint votre propre limite ! En présence d'un enfant qui vous pousse à bout et qui argumente sans cesse, vous pouvez être envahi par votre propre colère. Vos actions deviennent alors moins rationnelles et vous risquez d'annoncer des conséquences que vous ne pourrez pas tenir ou de dire des paroles qui dépassent votre pensée. Ce genre de situation effrite le lien parent-enfant. Il vaut mieux éviter de se rendre là.

Rappelez-vous également qu'il est de votre responsabilité, au bout des quelques minutes de retrait, de réinstaller un climat aimant et apaisant. Votre ton doux et votre attitude agréable permettront de retourner à des interactions familiales positives. L'enfant comprendra que vous pouvez représenter un pilier de sécurité et de calme, et ce, même lorsqu'il est déstabilisé par la colère.

Le retrait dans les endroits publics

La méthode du retrait peut également être appliquée pour gérer les crises de l'enfant dans les endroits publics comme le supermarché ou le restaurant. La clé du succès est de prévoir le lieu de retrait à l'avance. Ainsi, avant d'entrer au supermarché, repérez un endroit qui semble un peu plus isolé et où vous pourrez amener l'enfant s'il décide de faire une crise. Il peut s'agir d'un coin du magasin, d'un espace à l'entrée entre deux portes ou même d'un espace situé à l'extérieur. Lorsque la crise éclate, vous demandez à l'enfant de cesser de crier et vous comptez jusqu'à trois. Une fois le « trois » prononcé, vous amenez l'enfant immédiatement dans cet endroit de retrait et vous vous en éloignez, tout en gardant un œil sur lui et en vous assurant de sa sécurité. Vous ignorez les comportements de crise jusqu'à ce qu'ils s'apaisent. Vous pourrez ensuite continuer ce que vous étiez en train de faire.

INTERVENTION 3

On agit toujours pour la prochaine fois

Cette idée est d'une importance capitale pour comprendre comment gérer l'opposition : on agit toujours pour la prochaine fois. Lorsque l'opposition survient, la conséquence qui suivra déterminera la probabilité que l'enfant s'oppose de nouveau la prochaine fois qu'une situation similaire se présentera. Ainsi, si l'enfant a gain de cause dans — ou grâce à — son processus d'opposition, la probabilité qu'il s'oppose de nouveau augmente. Si vous avez compté jusqu'à trois et que l'enfant a réussi à éviter la punition en se conformant à votre demande, il est plus probable qu'il essaie la prochaine fois d'étirer le décompte jusqu'à trois plutôt que de se conformer rapidement.

Quand on gère des comportements d'opposition, on joue en fait avec les probabilités que l'interaction soit plus agréable et harmonieuse la prochaine fois. Si l'enfant comprend qu'il n'a aucune autre option que de se conformer à la consigne avant la fin du décompte, il est plus probable qu'il le fasse la prochaine fois. La beauté de la chose, c'est que cette probabilité augmentera chaque fois que vous appliquerez la méthode avec rigueur et constance.

Évidemment, si vous tentez cette méthode pour la première fois ce soir, attendez-vous à une crise. Mais rappelez-vous, cela ne signifie pas que la méthode est inefficace, mais plutôt qu'elle fonctionne très bien! L'enfant comprendra que ce qui se passe à la fin du décompte est désagréable et il tentera de l'éviter! **Faites preuve de patience et appliquez la méthode avec rigueur.** Au bout de quelques semaines, vous verrez des résultats.

Rappelez-vous : l'argumentation est un jeu de ballon que vous devez éviter à tout prix. Un enfant ne peut être opposant s'il est seul sur une île déserte. C'est absolument impossible. Il faut quelqu'un à qui s'opposer. Mettez un terme à l'argumentation et isolez l'enfant : il se retrouvera alors sur cette « île déserte » où il n'y aura personne à qui s'opposer.

Cela dit, la méthode du « un, deux, trois, retrait » est une approche très cadrante et punitive. Elle est efficace avec les enfants atteints d'un réel trouble de l'opposition, qui cherchent constamment à argumenter, à provoquer, à avoir le contrôle des décisions et à avoir le dessus sur leurs parents. Dans les cas où l'opposition semble plutôt générée par une émotion vécue par l'enfant, je préfère de loin la méthode empathique, que nous allons voir à présent. On se donne rendez-vous au prochain chapitre !

INTERVENTION 4
L'approche empathique

> Si tu veux rendre les autres heureux,
> aie de la compassion.
> Si tu veux être heureux, aie de la compassion.
>
> — Dalaï Lama

Dans ce chapitre, nous allons voir une méthode de gestion de l'opposition fort déstabilisante, autant pour l'enfant que pour le parent. On pourrait l'appeler la méthode « coupe-argumentation ». Lorsqu'on la maîtrise bien (ce qui est un art), cette méthode met fin à l'argumentation de l'enfant, elle l'apaise et elle désamorce rapidement le conflit qui aurait pu survenir.

Voyons tout d'abord quel pourrait être le réflexe normal d'un parent à qui son enfant s'oppose. Imaginons le scénario suivant :

> Une mère et sa fille passent devant un magasin de friandises. La jeune fille aperçoit quelque chose qui lui plaît et formule une demande à sa mère :

INTERVENTION 4

Jeune fille. – Maman regarde la grosse friandise ! J'en veux !

Mère. – Non, ma chérie. Nous n'achèterons pas de friandise aujourd'hui. Nous avons déjà payé cher pour venir en vacances ici, il est impossible de toujours tout acheter.

Jeune fille. – Oui, mais je n'en ai jamais eu, de friandise comme celle-là ! Je la veux !

Mère. – Nous irons au restaurant ce soir, tu pourras prendre un dessert, mais pour la friandise, c'est non.

Jeune fille (sur un ton pleurnichard). – Ahhhh ! Je la veux, moi ! Je ne prendrai pas de dessert ce soir si tu me l'achètes.

Mère. – J'ai dit non. Et puis, tu sais bien que tu voudras quand même un dessert ce soir.

Jeune fille. – MAIS MOI, J'EN VEUX !

Mère. – Arrête, maintenant. Sinon, tu n'auras ni la friandise, ni ton dessert ce soir.

Jeune fille (en hurlant). – TU DIS TOUJOURS NON ! CE SONT LES PIRES VACANCES DE MA VIE ! JE TE DÉTESTE !

Analysons la situation. L'enfant a une envie et formule une demande. La mère refuse d'accéder à la demande sur la base d'un raisonnement financier. Elle l'explique à l'enfant. Ce raisonnement financier ne veut rien dire pour l'enfant, qui réitère sa demande. Les arguments et les explications se succèdent, mais l'enfant n'en a que faire. Comme je l'ai mentionné au chapitre précédent, la mère argumente de façon rationnelle et logique alors que la jeune fille parle avec ses émotions. Elle n'est pas rationnelle. Elle ne démord pas de son envie et finit en criant. Les prochaines minutes de ces vacances en famille seront probablement assombries par cet épisode.

Le problème dans cette interaction est que l'envie de l'enfant n'a jamais été comprise et entendue par la mère. Parfois, ce n'est pas la friandise qui est importante. Pour l'enfant, il importe davantage de se sentir compris et entendu dans son émotion, dans son envie. C'est ici qu'intervient l'approche empathique.

L'empathie en psychologie, c'est **la capacité de réellement écouter l'autre**. D'entendre ses mots, mais également de comprendre son émotion, de comprendre ce que l'autre ressent mais ne dit pas. L'empathie peut se traduire par une intervention appelée « reflet ». Il s'agit d'une phrase par laquelle on explique ce qu'on comprend de l'émotion vécue par la personne devant nous.

« Oui, mais... »

Imaginez que vous soyez en train de raconter votre rupture amoureuse à votre meilleure amie. Celle-ci pourrait entrer dans l'argumentation avec vous :

> – Voyons ! Tu sais bien qu'il ne prenait pas soin de toi. Tu t'en remettras... Tu trouveras quelqu'un de bien mieux pour toi.

Savez-vous comment déterminer s'il s'agit d'une argumentation ? Voici le truc : si vous pouvez répondre à cette intervention par une phrase qui commence par « oui, mais... », c'est effectivement de l'argumentation. Ici, vous pourriez répondre, par exemple :

> – Oui, mais l'été dernier, il travaillait moins. Nous avions passé du bon temps ensemble. Ça allait mieux...

Dans l'exemple de la friandise, lorsque sa mère lui fait part d'un argument rationnel (« On ne peut pas tout acheter »), la jeune fille réplique « Oui, mais je n'en ai jamais eu, de friandise comme celle-là ! ».

Retenez le truc! Lorsque vous tentez d'expliquer calmement quelque chose de rationnel et de logique à quelqu'un, s'il peut répondre « Oui, mais... », c'est que vous argumentez. Avec un enfant, vous êtes en train de nourrir l'opposition.

Reprenons l'exemple de la rupture amoureuse, en utilisant la méthode du reflet empathique. Je rappelle qu'il s'agit alors de nommer ce que l'autre vit, sans tenter d'expliquer, de raisonner ou de justifier. On appelle cette intervention un « reflet », puisqu'on agit alors simplement comme un miroir de ce que l'autre personne vit, on lui reflète ce qu'il exprime pour l'aider à en prendre conscience. Par exemple :

– Eh bien, ça semble vraiment difficile pour toi... Je sens que tu y croyais encore, à cette relation...

Si vous avez bien saisi ce que votre amie ressent, elle ne répondra pas par « Oui, mais... ». Elle répondra simplement « oui ». Elle pourra renchérir ou même se laisser aller à ses émotions (à sa tristesse, par exemple). Mais elle ne s'opposera pas. On peut ensuite ouvrir la porte pour permettre à notre amie de s'exprimer davantage. Par exemple :

– Parle-moi de lui, raconte-moi ce qui va te manquer de cette relation.

Une méthode contre-intuitive

Appliquons maintenant cette méthode à l'exemple de la friandise. Imaginons que l'histoire commence exactement de la même manière. Cependant, lorsque la mère constate un début d'opposition, elle utilise l'approche empathique.

Jeune fille. – Maman regarde la grosse friandise! J'en veux!

Mère. – Non, ma chérie. Nous n'achèterons pas de friandise aujourd'hui. Nous avons déjà payé cher pour venir en vacances ici, il est impossible de toujours tout acheter.

Jeune fille. – Oui, mais je n'en ai jamais eu, de friandise comme celle-là! Je la veux!

Mère (cesse de marcher et se penche à la hauteur de sa fille. Elle lui pose les mains sur les épaules et la regarde gentiment dans les yeux). – Wow, c'est vrai qu'elle est vraiment spéciale, cette friandise! Je suis contente que tu me l'aies montrée.

Jeune fille (elle s'apaise). – Oui... Elle est super spéciale...

Mère. – Regarde, il y en a d'autres en vitrine. Dis-moi, qu'est-ce qui fait que c'est celle-là qui t'attire le plus?

Jeune fille. – Eh bien, c'est la plus grosse! Et puis elle est pleine de couleurs!

Mère. – C'est vrai! Moi je vois du rouge, du vert, du violet, du jaune...

Jeune fille. – Et du bleu aussi!

Mère. – C'est vrai! Toi qui adores le bleu!

Jeune fille (enthousiaste). – Oui, même que ma chambre est bleue!

Mère. – C'est vrai! Mmm... Elle a l'air vraiment bonne, cette friandise. Si j'étais encore une jeune fille comme toi, j'en voudrais une, moi aussi!

[La fillette sourit à sa mère.]

Mère. – Comme je te l'ai expliqué, nous avons déjà dépensé beaucoup d'argent papa et moi pour les vacances et nous ne pouvons pas tout acheter. Mais voici ce que je te propose. Je vais

INTERVENTION 4

photographier la friandise avec mon cellulaire! Ainsi, nous serons bien certaines de ne pas l'oublier. Si tu en veux toujours lorsque ce sera ton anniversaire, ça pourrait faire partie de tes cadeaux. Pouvons-nous nous entendre de cette manière?

Jeune fille (prend un air un peu déçu). – D'accord, maman...

Mère (prend sa fille dans ses bras et lui donne un baiser). – Je suis vraiment fière de toi, ma grande fille.

Quelle magie s'est opérée ici? La fillette s'est sentie comprise et entendue. On a reconnu son envie et on lui a laissé un espace pour en parler sans argumenter. On a parlé de la grosseur et des couleurs de la friandise et on a reconnu que pour un enfant, c'est vraiment très attirant. Remarquez la différence avec l'argumentation. La jeune fille ne peut pas s'opposer à ce qui est dit puisqu'on nomme exactement ce qu'elle pense et ce qu'elle ressent. Elle ne peut qu'aller dans le même sens que son interlocuteur (et vice-versa). Pendant l'échange, la fillette s'apaise, s'enthousiasme et sourit à sa mère alors que, dans un échange d'arguments, l'enfant et le parent deviennent de plus en plus irrités et la situation, de plus en plus explosive. À la fin, on continue de reconnaître l'envie de l'enfant en lui laissant une possibilité ou en lui proposant une solution. Reporter l'envie à son anniversaire ou à Noël représente souvent une bonne option. Ici, l'interaction se termine avec un câlin, un baiser et des mots positifs. Lors de l'argumentation, l'interaction se termine par des hurlements, des injures et possiblement une punition. C'est toute la différence au monde, n'est-ce pas!

Remarquez que la mère, dans cet exemple, a dû investir plus de temps. Elle a dû interrompre sa marche et prendre un moment pour interagir avec sa fille. Cependant, vous conviendrez certainement qu'il s'agit de minutes bien investies lorsqu'on constate la résolution positive de la situation.

Ce n'est pas une méthode facile à maîtriser, puisqu'elle est contre-intuitive. Habituellement, l'enfant formule une demande et, si on doit refuser, on se positionne de l'autre côté de la demande. On adopte le point de vue contraire et on explique à l'enfant pourquoi on refuse sa demande. On se positionne donc *contre* l'enfant. **Avec l'approche empathique, il s'agit plutôt d'entrer dans la *même équipe* que l'enfant pour affronter un problème.** Dans l'exemple de la friandise, lorsque la mère dit : « Si j'étais encore une jeune fille comme toi, j'en voudrais une, moi aussi ! », elle se positionne du côté de sa fille. Elle fait alors comprendre à l'enfant qu'elle est pleinement d'accord avec son envie, qu'elle la partage, mais qu'à cause d'une situation extérieure, elle ne pourra pas lui offrir la friandise, et ce, même si cela la désole autant que la petite.

INTERVENTION 4

Vivre le « Wow! » avec l'enfant

Ce que l'on veut faire avec la méthode empathique, c'est de vivre le « Wow! » avec l'enfant. L'enfant qui voit un jouet ou une friandise qu'il désire vit à ce moment précis une forte émotion qui monte en lui, une excitation, un « Wow! ». L'enfant est alors sous l'emprise de cette émotion et ce moment précis est probablement le pire moment pour lui refuser sa demande et fournir un argument logique et raisonnable justifiant notre refus. L'enfant parle avec ses émotions. Si le parent lui justifie un refus en lui parlant avec la raison, le parent et l'enfant ne parlent pas la même langue. Ils ne s'entendent pas et entrent en confrontation. Lorsqu'on dit à l'enfant : « Wow, c'est vrai qu'il a l'air super *cool* le jouet que tu me montres là! », alors on parle son langage. On vit le « Wow! » avec lui et on se donne un temps pour que l'émotion « redescende » en lui. Par la suite, une fois l'émotion « redescendue » un peu, l'enfant sera dans une bien meilleure disposition pour entendre le langage de la raison.

Voici un autre exemple d'application de la méthode empathique.

Fiston. – Papa, est-ce qu'on peut aller au parc aujourd'hui?

Père. – Ah, je suis désolé, j'ai du travail à faire dans le jardin. Je dois tondre la pelouse et aménager la terrasse.

Fiston. – Mais moi, je veux aller au parc!

Père. – Viens ici. (Le père s'accroupit à la hauteur de l'enfant et lui caresse les cheveux.) Tu as vraiment envie d'aller au parc aujourd'hui?

Fiston. – Oui...

Père. – Dis-moi, il y a deux parcs près de la maison, lequel est ton préféré?

Fiston. – Celui qui se trouve près de l'école.

Père. – Ah oui! Là où il y a la très haute échelle de cordes!

Fiston. – Oui! Je suis super bon pour grimper à cette échelle, maintenant!

Père (prend un air intéressé et surpris). – Vraiment? Wow, j'aimerais vraiment que tu me montres ça!

Fiston. – Est-ce qu'on y va?

Père. – Écoute, j'ai vraiment envie de voir ce que tu sais faire dans les modules de jeux. Par contre, je dois vraiment faire l'entretien extérieur aujourd'hui. Voici ce que je te propose : mardi soir, je vais terminer le travail un peu plus tôt. Je vais aller te chercher et nous irons au parc près de l'école ensemble, c'est promis. Viens! Nous allons le noter sur ton calendrier pour être certains de ne pas l'oublier.

Fiston. – D'accord, papa...

Évidemment, lorsqu'on reporte ainsi la satisfaction d'un désir de l'enfant, il faut ABSOLUMENT donner suite et tenir nos promesses. C'est ce qui bâtira notre crédibilité et qui permettra à l'enfant d'être confiant, la prochaine fois, que nous répondrons effectivement à son envie à un moment ultérieur. Lorsqu'on reporte un achat à plus tard (comme dans l'exemple de la friandise), il est bien de revenir sur cette promesse également le moment venu. Quelques semaines avant l'anniversaire de l'enfant, on lui demandera ce qu'il désire comme cadeau. Ainsi, par exemple, si la petite fille n'inclut pas la friandise dans sa liste, sa mère pourra lui rappeler qu'elle désirait cette friandise quelques mois plus tôt et qu'elle lui avait proposé d'en reporter l'achat à sa fête. Elle pourra alors lui demander si elle la désire encore. Évidemment, bien souvent, l'envie sera passée...

INTERVENTION 4

Comprendre les besoins sous-jacents de l'enfant

Voici encore un exemple de la méthode empathique, encore une fois en réponse à un enfant qui s'oppose à une demande :

Parent. – Antoine, va chercher ton sac d'école et installe-toi à table, c'est l'heure de commencer tes devoirs.

Antoine. – Non ! Je veux continuer à jouer.

Parent. – Tu sais bien qu'il faut faire tes devoirs et tu seras trop fatigué plus tard. Alors vas-y. Installe-toi, s'il te plaît.

Antoine. – Noooonnnnn ! Je déteste ça, les devoirs.

Parent (s'approche d'Antoine et le serre dans ses bras). – À quoi es-tu en train de jouer, mon trésor ?

Antoine. – Je joue avec mes figurines.

Parent. – Oh ! Qu'est-ce qui se passe, on dirait que les méchants vont gagner !

Antoine. – Non, non ! Il y a des gentils cachés ici... Ils les attendent.

Parent. – Est-ce que c'est ton jeu préféré, jouer avec les figurines ? Tu as vraiment l'air d'aimer ça et tu es super créatif pour imaginer des histoires et des scénarios.

Antoine. – Oui ! C'est mon jeu préféré ! Il y a mes Lego aussi... Et mon jeu avec des bateaux.

Parent. – Bon, écoute. Tu sais qu'il faut faire tes devoirs et je ne veux pas de crise ou de pleurs ce soir. Je te propose de te laisser jouer encore dix minutes pour terminer ta bataille et pour faire gagner les gentils. Par contre, si on fait ça, je veux que tu viennes ensuite t'installer à table pour faire tes devoirs. Est-ce qu'on s'entend là-dessus?

Antoine. – Oui, d'accord!

Parent. – Parfait, je mets la minuterie pour dix minutes. Dès que ça sonne, tu laisses tes figurines et tu viens t'installer pour travailler.

Dans cet exemple, le parent a compris qu'Antoine avait besoin d'un temps de jeu et qu'il était important pour lui de terminer le scénario entamé avant de passer aux devoirs. Lorsque son parent lui parle, Antoine se sent compris et il sent que son parent est complice de son envie de jouer. Cette interaction augmente la probabilité qu'il fasse preuve de bonne volonté lorsqu'il viendra s'installer pour faire ses devoirs.

Voici enfin un dernier exemple de la méthode empathique, dans lequel l'enfant vit quelque chose qu'il ne dit pas et qui l'amène à réagir de manière exagérée à une frustration mineure :

Maman. – Laurie, pourrais-tu s'il te plaît m'aider à ranger les jouets de la salle de jeu?

Laurie. – Mais ce n'est pas moi qui les ai sortis, c'est ma sœur.

Maman. – Laurie, tu sais bien que vous jouez toutes les deux dans la salle de jeux. Ta sœur est chez son amie en ce moment, alors viens m'aider, on va faire ça rapidement.

Laurie (se désorganise, hurle et pleure). – C'EST TOUJOURS MA FAUTE! MA SŒUR NE RANGE JAMAIS, ELLE! VOUS NE ME LAISSEZ JAMAIS TRANQUILLE! (Laurie lance un jouet plutôt que de le ranger.)

INTERVENTION 4

Maman (s'approche de Laurie, calmement, sans rien dire. Elle la prend dans ses bras et la serre en lui caressant les cheveux. Après quelques minutes à l'apaiser sans rien dire, elle lui parle calmement). – Qu'est-ce qui se passe ma chérie ? Ce n'est pas toi, ça ! Ma grande fille qui aime toujours rendre service... Est-ce qu'il y a quelque chose que tu ne me dis pas et qui t'inquiète ou qui te fait de la peine aujourd'hui ?

Laurie. – Non, rien...

Maman (continue de parler à sa fille à voix basse pour l'apaiser, en la tenant dans ses bras). – Je suis certaine qu'il y a quelque chose dans ton cœur qui vient de déborder. Dis-moi, est-ce que ça te fait de la peine que ta sœur soit invitée chez son amie aujourd'hui et que tu te retrouves seule pour la journée ?

Laurie (baisse les yeux et répond d'un ton triste). – Oui... Moi aussi, je voulais une amie...

Maman. – Ma chérie, je comprends maintenant ! Tu étais triste et tu ne me le disais pas ! Ok, aide-moi à ranger et, ensuite, nous pourrions appeler ton amie pour l'inviter à la maison, d'accord ?

Laurie (retrouve le sourire). – Oui, d'accord !

Je dirais que ce dernier exemple demande une maîtrise toute particulière de l'art de l'empathie. Comme parent, notre réflexe lorsqu'un enfant entre en mode « agression » est souvent de se mettre en colère ou d'imposer une discipline très stricte. Par contre, lorsqu'un enfant surréagit à un évènement apparemment banal, surtout lorsque cela n'est pas dans ses habitudes, il est bon de se demander si, en fait, il ne réagit pas à autre chose qui le préoccupe, le blesse, l'attriste ou l'inquiète. Dans l'exemple ci-dessus, la mère a saisi cela. Plutôt que de réagir à l'agression par l'agression, elle a réagi par l'apaisement et la compréhension. Parce qu'elle connaît bien sa fille, elle a été en mesure de déduire ce qui la rendait triste et de le lui refléter. La jeune fille s'est sentie comprise, elle s'est apaisée et elle a ensuite pu entrer dans un mode de collaboration avec sa mère.

La méthode empathique, ce n'est donc pas seulement de vivre le « Wow! » avec l'enfant, mais également de savoir vivre les autres émotions qui l'amènent à réagir comme il le fait. Dans le cas de Laurie, la maman a compris sa tristesse et sa déception et elle a vécu ces émotions avec sa fille en les nommant.

La méthode empathique, lorsqu'elle est bien maîtrisée, peut donc être d'une efficacité impressionnante, et favoriser des interactions beaucoup plus harmonieuses et sereines que la confrontation, la discipline et la punition. Ça vaut la peine d'essayer!

INTERVENTION 5
La méthode progressive du calendrier

> Dis-moi et j'oublie.
> Enseigne-moi et je me souviens.
> Implique-moi et j'apprends.
>
> — Benjamin Franklin (1706 – 1790),
> écrivain, inventeur et homme politique

La méthode progressive du calendrier est une méthode que j'ai personnellement développée et mise au point afin de gérer de façon positive et progressive un comportement problématique, en faisant vivre des expériences de succès à l'enfant. La méthode du calendrier est particulièrement efficace lorsque l'anxiété sous-tend l'opposition au quotidien, parce qu'elle fait progressivement réaliser à l'enfant qu'il est capable d'affronter ses peurs, ce qui l'aide à consolider de plus en plus son sentiment de compétence personnelle. La méthode est également applicable et efficace pour les jeunes qui s'opposent systématiquement à une étape de la routine quotidienne (par exemple : les devoirs, les repas, le bain, le coucher...).

INTERVENTION 5

ÉTAPE 1

L'achat et la préparation du calendrier

Comme l'indique son nom, cette méthode nécessite l'utilisation d'un calendrier. Je propose donc l'achat d'un calendrier illustré qui plaît à l'enfant. On peut également imprimer un calendrier trouvé sur Internet et le décorer avec des images que l'enfant aime. Plus le calendrier sera attrayant, plus l'enfant aura envie de le regarder et de s'y référer, et plus efficace sera la méthode.

Une fois que l'on s'est procuré le calendrier, on s'installe à table avec l'enfant et on organise une activité de préparation du calendrier. Cette étape devrait être agréable pour l'enfant, un peu comme s'il faisait du bricolage avec son parent. On ne veut surtout pas de conflit à ce moment-ci. On veut que le calendrier soit associé à quelque chose de *cool* dans la tête de l'enfant.

À cette étape-ci, l'objectif est de faire ressortir des points de repère pour l'enfant. À l'aide d'un surligneur, on peut colorier toutes les cases des samedis et des dimanches, afin de bien faire ressortir les fins de semaine. On peut faire la même chose avec les congés scolaires. On incite ensuite l'enfant à faire des petits dessins dans les cases significatives du calendrier. Il peut dessiner un sapin pour la journée de Noël, une citrouille pour l'Halloween, un cœur pour la St-Valentin, des ballons pour son anniversaire, un soleil pour la première journée de l'été, des flocons pour la première journée de l'hiver, etc. Avec les plus petits, qui peinent à dessiner, il est possible d'apposer des autocollants illustrant chacune de ces journées significatives.

Ce faisant, l'enfant apprend la logique du calendrier. Une case représente une journée, une ligne représente une semaine, une page représente un mois. Cette structure très simple et explicite facilite grandement la compréhension du temps.

On installe ensuite le calendrier au mur dans la chambre de l'enfant et on commence la routine du calendrier. Tous les soirs, l'enfant doit faire une croix dans la case de la journée qui vient de se terminer. Il commence ainsi à réaliser à quelle vitesse passent les jours, les semaines et les mois. Il peut s'orienter dans le temps par rapport aux fins de semaine et aux évènements significatifs qu'il attend. Pendant quelques jours ou semaines (je propose deux semaines pour cette étape), on laisse l'enfant se familiariser avec le calendrier en exécutant cette simple routine tous les soirs avant le coucher. Petit conseil pratique : accrochez un crayon ou un feutre au calendrier à l'aide d'une ficelle. Vous éviterez ainsi les recherches inutiles !

ÉTAPE 2

La mise en place de la « Journée champion »

Une fois que l'enfant s'est familiarisé avec le calendrier, on peut commencer le défi (c'est-à-dire la démarche visant à modifier un des comportements de l'enfant). Je vais illustrer la mise en place du défi à l'aide de l'exemple de Mathis, avec qui nous avons utilisé cette méthode avec succès. Vous reconnaîtrez d'ailleurs les mêmes enjeux que ceux vécus par Camilia, dont nous avons parlé plus tôt.

Mathis refusait de dormir seul dans son lit. Tous les soirs, ses parents assistaient à une longue séquence de comportements d'opposition. Mathis faisait tout pour repousser ou pour étirer chaque étape de la routine précédant le coucher. Il refusait ensuite d'aller au lit et retenait ses parents lorsqu'ils voulaient quitter sa chambre. Il se relevait ensuite plusieurs fois et revenait voir ses

INTERVENTION 5

parents sous différents prétextes (aller aux toilettes, boire de l'eau, faire un câlin, dire je t'aime...). Plus tard dans la nuit, Mathis se levait de nouveau et allait se coucher dans le lit de ses parents. Ceux-ci ne le réalisaient souvent qu'au matin.

Voici le défi. Nous avons proposé à Mathis de choisir une journée par semaine, pour les deux prochaines semaines, qu'on allait inscrire sur son calendrier et qui allait devenir sa « Journée champion ». On nomme ainsi cette journée parce qu'on la présente à l'enfant comme une journée où il deviendra un champion. Il s'agit en fait d'une journée lors de laquelle il réussira à atteindre un objectif, ce qui le rendra très fier (et ses parents aussi!). Dans le cas de Mathis, le défi consistait à exécuter seul les étapes de la routine du coucher et à être au lit à 20 h. Il ne devait plus se relever et passer la nuit dans son lit jusqu'au lendemain matin. S'il arrivait à le faire, il devenait notre champion! On collait alors un autocollant de son choix sur la case correspondante de son calendrier et il se méritait un privilège le lendemain (des crêpes au déjeuner!).

Ainsi, pendant les deux premières semaines, Mathis devait mobiliser ses énergies et affronter ses craintes d'aller au lit, mais seulement une journée par semaine. C'est un objectif à la portée de l'enfant. Les six autres jours de la semaine, les parents continuaient à intervenir comme ils le faisaient auparavant, mais Mathis ne pouvait obtenir aucune récompense. Grâce au calendrier, Mathis voyait arriver la journée et pouvait s'y préparer mentalement. Évidemment, ses succès le rendaient très fier et il voyait très concrètement qu'il était capable de faire ce que ses parents attendaient de lui. Les parents devaient également le féliciter sans ménagement et célébrer son succès. Le privilège qu'il se méritait représentait un petit plus qui rendait la chose plus motivante encore. (Qui n'aime pas les crêpes!)

ÉTAPE 3

L'augmentation graduelle de la fréquence

Voici l'aspect « progressif » de cette méthode. Une fois que Félix a réussi sa « Journée champion » pendant deux semaines consécutives, les parents ont augmenté la cadence. Pour les deux semaines suivantes, l'enfant devait réussir deux « Journées champion » par semaine. Je rappelle qu'il est important de bien mettre en relief ces journées sur le calendrier afin que l'enfant puisse les anticiper. On apposait un autocollant sur son calendrier pour chaque « Journée champion » réussie, mais il n'avait droit à un privilège que s'il réussissait ses deux journées dans la semaine.

On peut poursuivre la progression en passant ensuite à trois, puis à quatre journées par semaine. Ainsi, lorsque l'enfant réalise qu'il est capable de faire ce qu'on lui demande, l'anxiété tombe, de même que l'opposition. Il a alors tôt fait d'intégrer le bon comportement et de le généraliser à tous les jours de la semaine.

Applications possibles

La méthode progressive du calendrier peut être appliquée à tous les comportements problématiques qui ont tendance à se répéter tous les jours. On pourrait donc faire une « Journée champion » pendant laquelle :

- L'enfant doit avoir terminé sa routine du matin à 8 h, pour être prêt à prendre l'autobus scolaire.

- Un frère et une sœur doivent éviter les querelles (s'il y a un conflit, les deux enfants échouent leur « Journée champion »).

INTERVENTION 5

- L'enfant doit avoir un bon comportement à l'école.

- L'enfant doit manger adéquatement au repas du soir.

- Un enfant doit faire ses devoirs pendant trente minutes sans se plaindre.

En 8 à 10 semaines environ, le comportement problématique devrait s'être estompé et l'enfant devrait avoir adopté un nouveau comportement, plus positif. On peut alors reprendre le processus à l'étape 2 en proposant un nouveau défi à l'enfant, ou simplement laisser tomber le calendrier en insistant sur le fait que l'enfant est grand maintenant et qu'il n'en a plus besoin.

INTERVENTION 6
L'intervention punitive

> **Non-sens ! Les jeunes ne devraient jamais être punis en étant envoyés au lit. Ils se réveillent toujours un jour plus vieux et, avant que vous n'ayez pu le réaliser, ils sont devenus grands.**
>
> — Sir J. M. Barrie (1860-1937), écrivain et dramaturge, créateur de Peter Pan

Les interventions que je préfère sont assurément celles des chapitres précédents. Investir du temps de qualité avec son jeune, comprendre ses besoins et son point de vue avec empathie, développer un système de renforcement visant à féliciter les comportements positifs afin de les favoriser... D'ailleurs, je ne crois pas que la gestion de l'opposition soit possible sans une approche positive et chaleureuse, visant à établir un lien de confiance avec le jeune et à augmenter son estime de soi.

Par contre, il y a parfois des moments où il faut punir. Cela fait partie de votre rôle de parent : vous ne pouvez pas y échapper ! Certains comportements ne peuvent simplement pas être tolérés et l'enfant

INTERVENTION 6

doit comprendre rapidement qu'il n'a pas de marge de manœuvre en ce qui concerne ces comportements. Certaines limites sont infranchissables et les parents doivent être les gardiens de ces limites. Si l'enfant les franchit, le ton doit devenir sévère. Il n'y a ni discussion, ni argumentation. La punition doit venir rapidement et elle doit être sans appel.

Il existe pour moi une courte liste de comportements qu'on ne peut pas tolérer de la part d'un enfant (ou même d'un adulte!). Lorsque ces comportements surviennent, une approche punitive me semble adéquate et nécessaire.

- Le manque de respect, les insultes directes envers les parents ou les frères et sœurs.

- L'agressivité physique et les coups envers les parents ou les frères et sœurs.

- Le bris intentionnel d'objets.

- Les menaces impliquant de l'agressivité physique contre quelqu'un ou quelque chose.

Dans ces circonstances, les approches suivantes peuvent être appliquées.

L'INTERVENTION PUNITIVE

Hausser le ton, oui ; utiliser la violence verbale, non

Il y a une grande différence entre hausser le ton ou utiliser une « grosse voix » et se montrer violent verbalement. Hausser le ton, c'est un outil. Les parents peuvent y avoir recours pour faire respecter leur autorité. Par contre, la violence verbale est à proscrire puisqu'elle peut être dommageable pour un enfant. Il s'agit donc de deux choses bien différentes et on doit éviter de les confondre. (Cela dit, c'est rassurant pour les parents qui haussent parfois le ton, non ?)

Hausser le ton peut aider à faire respecter une consigne. Notre voix plus grave et plus forte attire l'attention de l'enfant et lui fait comprendre le sérieux de la demande. Cette voix ferme et autoritaire permet également à l'enfant de comprendre qu'il vient de se buter à une limite que nous imposons en tant que parent bienveillant, et que cette limite ne sera pas flexible. Ce ton peut aussi aider à mettre un terme à une argumentation qui ne mène nulle part et qui ne fait que susciter la colère et la frustration de part et d'autre. Pour moi, c'est un outil indispensable à l'autorité parentale. Utilisé avec parcimonie et au moment opportun, cet outil s'avère sécurisant pour l'enfant, qui comprend ainsi qu'il fonctionne à l'intérieur de balises et de limites claires.

La violence verbale, c'est complètement différent. Un acte de violence implique une attaque contre quelqu'un. Cette attaque vise (parfois plus ou moins consciemment) à blesser. La violence verbale n'a pas tant à voir avec le ton de la voix qu'avec le contenu du discours. On parle de violence verbale lorsqu'on injurie, critique méchamment, insulte ou humilie quelqu'un. Un parent pourrait adopter un ton de voix tout à fait calme et posé, mais user de propos blessants, voire condescendants et humiliants envers

INTERVENTION 6

l'enfant. Il s'agirait alors de violence verbale. Il faut absolument viser à éliminer ce type de paroles envers l'enfant. Les paroles blessantes et condescendantes détruisent l'estime de soi.

Votre ton de voix ne traumatisera pas votre enfant. Le contenu de votre discours, oui.

Dans vos moments de colère et d'exaspération, rappelez-vous toujours la ligne de conduite immuable que devrait adopter toute famille, en tout temps :

Nous sommes une famille et, dans notre famille, personne n'insulte personne, personne ne frappe personne. Nous nous aimons trop fort pour nous faire du mal.

Si vous gardez en tête la ligne de conduite précédente, vous déduirez facilement ma position sur la fessée. En aucun cas et dans aucune circonstance je ne cautionnerai l'usage de la force physique ou de toute forme de châtiment corporel en guise de punition. L'idée qu'un adulte puisse frapper un enfant m'est personnellement intolérable. Qu'enseigne-t-on à l'enfant quant à la manière de régler ses conflits lorsqu'on agit ainsi ? Peut-on ensuite le blâmer de se battre à l'école ou de frapper sa petite sœur lorsqu'elle ne l'écoute pas ?

L'INTERVENTION PUNITIVE

La violence engendre la violence et il est bien difficile de mettre un terme à ce cycle. Vous êtes le parent, vous êtes l'adulte, il vous revient de trouver d'autres moyens pour gérer les écarts de conduite de vos enfants. Bonne nouvelle, ce livre en est rempli!

La punition semble être la méthode la plus intuitive pour les parents qui souhaitent éduquer et gérer les comportements difficiles des enfants. J'insiste sur le fait que des méthodes plus positives existent. Certaines d'entre elles sont d'ailleurs décrites dans les chapitres précédents de ce livre. La punition permet de mettre un terme à un comportement problématique, mais ne règle pas le problème à la source. Après avoir puni un enfant, il m'apparaît important de s'arrêter pour comprendre pourquoi l'enfant a agi ainsi. Nous avons vu ici plusieurs causes possibles de l'opposition. Vous y trouverez des points de repère pour guider votre réflexion et pour mieux comprendre ce qui sous-tend les comportements de votre enfant.

Ceci dit, si la punition s'avère nécessaire, je vous suggère de suivre les lignes directrices suivantes :

Devant un comportement inacceptable, la punition doit venir rapidement et sans argumentation.

- La punition doit être telle qu'elle met un terme à l'interaction et au comportement de l'enfant. Elle ne doit pas entraîner une escalade d'argumentation ou de colère. Elle ne doit pas constituer le point de départ d'un crescendo ni engendrer d'autres punitions de plus en plus sévères ou démesurées par rapport à la situation.

- Idéalement, la punition doit être en lien avec le comportement de l'enfant. Nous verrons des exemples plus loin.

- L'intensité de la punition doit être proportionnelle à la gravité du comportement.

- La punition doit être réaliste (une fois annoncée, elle doit être appliquée et maintenue).

- La punition doit être utilisée à l'occasion seulement. Un enfant qui se fait constamment punir développera ce qu'on appelle de la résignation acquise. Il entretiendra le sentiment que peu importe ce qu'il fera, il va sûrement être puni. S'il sent que la punition est inévitable, il ne cherchera plus à l'éviter, ni à modifier son comportement. Il deviendra alors indifférent à la punition et vous aurez l'impression que les punitions coulent sur lui comme de l'eau sur le dos d'un canard.

La punition choisie doit avoir un impact sur l'enfant. Elle doit créer de la déception et déstabiliser suffisamment l'enfant pour qu'il modifie son comportement dans l'avenir. Voici quelques exemples de punition :

Placer l'enfant en retrait/en isolement

Il s'agit d'envoyer l'enfant dans sa chambre ou dans un coin de réflexion dans la maison. Nous en avons parlé en lien avec la méthode du « Un, deux, trois » dans le chapitre sur l'argumentation. Retenez que pour l'enfant, l'aspect le plus punitif est la coupure du lien avec les parents et le fait de savoir qu'ils sont fâchés. Il est important de ne rien dire pendant le retrait et de ne pas répliquer à l'enfant qui crie au travers de la porte de sa chambre.

Obliger l'enfant à se coucher plus tôt le soir

Voilà un levier assez convaincant et, disons-le, facile à utiliser. En plus, cela nous permet d'appliquer la conséquence punitive le jour même où le comportement est survenu. On peut retrancher cinq ou dix minutes à l'heure du coucher tant que l'enfant ne cesse pas sa crise. Par exemple, dans un supermarché, au moment où l'enfant fait sa crise, on dira très calmement : « Tu te coucheras dix minutes plus tôt ce soir ». Si la crise continue, on ne dira rien d'autre que « C'est maintenant vingt minutes plus tôt ce soir », « Trente minutes plus tôt » et ainsi de suite, jusqu'à ce que la crise cesse. Attention, il faudra être capable d'appliquer ce qui a été annoncé à l'enfant. Donc, si la crise se poursuit, on ne pourra pas retrancher trois heures à l'heure du coucher — ce n'est pas réaliste. Il faudra donc cesser de retrancher des minutes (enlever le soir-même les minutes dont il a été question lors de l'intervention), mais trouver un autre moyen de gérer la suite de la crise au supermarché.

Le priver de jeux vidéo, d'ordinateur ou de télévision

Ceci est souvent un levier assez puissant avec les enfants. Par contre, puisqu'il s'agit d'un bon levier, certains parents privent systématiquement l'enfant de jeux vidéo pour tout ce qu'il fait de mal, faisant en sorte qu'il n'y a pas de lien entre l'acte et la punition. Il n'en demeure pas moins que lorsque l'enfant fait quelque chose de clairement inacceptable, le fait de lui enlever l'accès aux jeux vidéo pendant une fin de semaine par exemple peut avoir un impact considérable.

Lui retirer un privilège

Les privilèges sont souvent des tâches ou des activités que les parents font pour l'enfant ou avec lui. Je considère que le retrait d'un privilège peut être une bonne punition en lien avec un manque de respect de l'enfant envers le parent. En effet, lorsqu'une personne nous manque de respect, c'est se respecter soi-même que d'arrêter de lui rendre service ou de faire des pieds et des mains pour elle. Donc, à son enfant qui l'insulte, le parent peut très bien retirer le droit d'inviter des amis dans sa maison. Il peut aussi refuser de lui rendre le service d'aller le reconduire chez des amis ou à une activité sportive.

Le laisser assumer les conséquences de ses actes

Il s'agit de la punition naturelle en lien avec l'acte, et c'est la meilleure punition possible. L'enfant qui a renversé tous les tiroirs de sa chambre devra tout remettre en ordre avant de pouvoir faire autre chose, par exemple.

On peut également imposer des conséquences monétaires aux enfants de manière indirecte. Par exemple, imaginons qu'un enfant casse volontairement un objet dans la maison. Je lui dirais : « Tu as brisé cet objet. Pour le remplacer, ça va me coûter cinquante dollars. Si tu travaillais, tu recevrais probablement un salaire d'environ dix dollars de l'heure. Tu devras donc exécuter cinq heures de tâches ménagères pour nous au cours de la prochaine semaine afin de rembourser ce que tu as cassé ».

La méthode du retrait de jetons

J'ai développé cette méthode, qui s'est jusqu'à maintenant avérée très efficace lorsqu'on a voulu faire cesser un comportement déplaisant et répétitif chez un enfant. C'est un peu l'inverse du système de renforcement décrit précédemment. Dans un système de renforcement, l'objectif est de promouvoir un bon comportement de l'enfant. On récompense, par exemple, le fait de bien exécuter chaque étape de la routine du matin. Lorsqu'on travaille en mode « retrait de jetons », l'objectif est de faire disparaître un comportement désagréable, voire inacceptable chez l'enfant. Le comportement en question doit être formulé de manière claire et objective. On pourrait, par exemple, utiliser le retrait de jetons pour éliminer les jurons à la maison ou pour faire cesser les insultes entre frères et sœurs.

L'idée est la suivante : on prépare deux pots. L'un est rempli de jetons, l'autre est vide. Chaque jeton a une valeur. Par exemple, chaque jeton pourrait valoir cinq minutes d'accès aux jeux vidéo pendant la fin de semaine. L'enfant commence sa semaine avec trente-six jetons dans le premier pot, ce qui équivaut à trois heures de jeux vidéo. Au cours de la semaine, chaque fois que l'enfant lance une insulte à son frère, on ne dit rien, mais on prend un jeton sous ses yeux et on le transfère dans l'autre pot. On évite toute argumentation. L'enfant comprend alors qu'il vient de perdre cinq minutes de jeux vidéo — et il sait très bien pourquoi. (Évidemment, on lui a préalablement expliqué le fonctionnement du système !) À la fin de la semaine, le nombre de jetons restant dans le premier pot détermine le nombre de minutes de jeux vidéo auxquelles l'enfant a droit.

INTERVENTION 6

Attention, pour que cela fonctionne, il est primordial de respecter scrupuleusement le nombre exact de minutes octroyées. S'il a droit à une heure et cinquante-cinq minutes, il faut fermer le jeu après une heure et cinquante-cinq minutes. Il est alors bon de faire un rappel une dizaine de minutes avant la fin, afin que le jeune puisse anticiper l'interruption de sa partie.

La punition demeure une méthode de gestion de l'opposition valable. Par contre, elle doit être utilisée avec parcimonie et, surtout, elle doit être combinée à une gestion plus positive des comportements ainsi qu'à une compréhension des raisons sous-jacentes aux comportements d'opposition de l'enfant.

· CONCLUSION ·

Voilà, vous avez bientôt terminé la lecture de ce livre sur la gestion des comportements d'opposition. J'espère avoir suscité votre intérêt, mais également semé des réflexions, initié une compréhension nouvelle de vos enfants, et peut-être même remis en question vos interventions. J'espère également que vous aurez trouvé des solutions concrètes et que celles-ci vous sembleront suffisamment pertinentes pour que vous ayez envie de vous mobiliser pour les mettre en place et les appliquer.

À ce moment-ci, j'aime m'imaginer le scénario suivant. Demain midi, vous discuterez avec Liza, votre collègue de travail, qui a des enfants elle aussi. Au cours de la discussion, vous repenserez à votre lecture et vous direz à votre amie : « Eh, Liza, tu sais quoi ? Je viens de terminer la lecture d'un excellent livre sur la gestion de l'opposition chez l'enfant! ». (Oui, oui, vous prononcerez le mot « excellent », j'en suis sûr!) Liza, curieuse, répondra : « Oh, comme c'est intéressant! Écoute, justement, pas plus tard qu'hier, mon petit Milan m'a refait une crise de colère au centre commercial parce que je lui ai refusé un jouet. D'après toi, qu'est-ce que je devrais faire ? ». Vous lui répondrez probablement : « Tu ne te poses pas la bonne question! Avant de te demander ce que tu devrais faire, tu pourrais plutôt te demander pourquoi Milan fait des crises au centre commercial... ». Vous pourrez ainsi guider votre amie parce que vous savez maintenant qu'une bonne compréhension des causes sous-jacentes aux comportements permet aux pistes d'intervention de s'éclaircir d'elles-mêmes! Ainsi :

- Si Milan a un TDAH, il est possible qu'il ait fait cette crise parce qu'il vit dans le moment présent et qu'il n'a pas pu contenir sa forte envie pour le jouet. Sa mère lui aura peut-être proposé de lui acheter le jouet pour sa fête, dans deux mois, mais Milan, qui a bien du mal à se projeter dans le temps, s'est senti frustré dans son plaisir immédiat. Puisqu'il a un TDAH, sa frustration sort parfois sans filtre et de manière impulsive.

- Par contre, si Milan est anxieux, il a peut-être fait cette crise parce qu'il sait qu'au retour à la maison il devra étudier pour son examen du lendemain et cela le préoccupe constamment. Ses capacités de gestion ne peuvent plus en prendre, déjà qu'il doit gérer tout ce stress. Le jouet, en fait, n'était pas si important pour lui, mais cette petite frustration a été la goutte qui a fait déborder le vase.

- Par ailleurs, peut-être que Milan a un frère avec qui il est en compétition. Aussi, il se rappelle que la semaine dernière, son frère Lucas a eu droit à une petite surprise lorsqu'il a fait des courses avec sa mère. Il perçoit donc le refus de sa mère comme une injustice et au plus profond de lui-même, il se sent blessé parce qu'il interprète cela comme le fait que sa mère l'aime moins que Lucas. La crise de colère est alors une réaction à cette blessure.

- Peut-être enfin que Milan est enfant unique et que ses parents, aisés financièrement, mais très occupés par leur travail, n'ont pas l'habitude de lui refuser quoi que ce soit et préfèrent généralement lui donner ce qu'il veut afin d'éviter d'argumenter avec lui. Milan réagit peut-être par la crise parce qu'il n'est pas habitué aux refus et sait bien qu'en faisant une crise assez forte, surtout en public, il pourra probablement faire céder sa mère et obtenir le jouet.

Puis, André viendra se joindre à votre conversation. Il a passé une soirée désagréable avec sa fille Coralie, qui a reçu un billet de l'enseignante parce qu'elle refuse de travailler en classe. Il semble également qu'elle remette souvent des travaux incomplets. Vous pourrez partager vos observations avec André :

- Si Coralie est anxieuse, il est possible qu'elle se fige devant une enseignante autoritaire. Elle ne s'oppose pas vraiment, mais aussitôt qu'elle rencontre une difficulté dans ses travaux, elle est envahie par l'anxiété et ne sait plus par quel bout prendre le problème. Elle est incapable de lever la main ou d'aller demander de l'aide parce qu'elle craint son enseignante, qu'elle perçoit comme beaucoup trop sévère.

- Si Coralie a un TDAH, il est aussi possible qu'elle tombe, bien malgré elle, dans la rêverie pendant que les autres travaillent. Encore ici, elle ne cherche pas vraiment à s'opposer. La jeune fille se sent elle-même complètement désemparée lorsqu'elle reprend ses esprits et qu'elle réalise qu'il ne reste que cinq minutes à l'examen.

- Et si Coralie s'était retrouvée cette année avec la même enseignante qu'avait sa sœur Joanie l'an dernier ? Oui, oui, Joanie, la grande sœur parfaite dont André vous parle tout le temps ? La première de classe, celle à qui Coralie se fait toujours comparer, mais qu'elle n'arrive jamais à égaler. Peut-être alors que Coralie se dit : « À quoi bon faire tous ces travaux, je ne réussirai jamais à être aussi bonne que ma sœur... ».

- Il est possible par ailleurs que Coralie ait l'opposition inscrite dans sa personnalité. Elle a peut-être toujours été une enfant difficile. Sa façon d'entrer en relation avec l'autorité est de la confronter. Elle ne cherche pas à plaire à l'adulte, elle fait à sa tête. En fait, elle a toujours fait à sa tête. Les méthodes de renforcement et les punitions peuvent être efficaces pour renverser cette tendance.

- Enfin, si Coralie est une enfant douée intellectuellement, il est probable qu'elle s'ennuie en classe parce que le rythme est trop lent pour elle. Au contraire, elle présente peut-être une dyslexie non diagnostiquée. Difficile de terminer les examens lorsqu'on n'arrive pas à bien lire les textes et les questions...

Dans ce scénario que je m'imagine, vous répandrez autour de vous l'idée que, la plupart du temps, il est inutile d'intervenir sur le comportement comme tel, puisque celui-ci est en réalité un symptôme, la manifestation dérangeante d'un autre problème sous-jacent qu'il faut d'abord cerner correctement et sur lequel il sera ensuite possible de travailler. Ainsi, pour un même comportement d'opposition (faire une crise dans un centre commercial, par exemple), l'intervention sera différente d'un enfant à l'autre. Tout dépendra de la source du problème.

J'espère donc très sincèrement que j'ai atteint mon objectif en écrivant ce livre, c'est-à-dire de vous apporter des outils concrets et de vous aider à mieux comprendre les comportements de vos enfants. Si malgré tout vous avez besoin d'aide, il existe plusieurs ressources pouvant vous accompagner dans votre cheminement et dans vos interventions auprès de vos petits trésors. En voici quelques-unes :

» L'évaluation en neuropsychologie est souvent l'évaluation la plus complète et la plus précise afin d'établir le profil cognitif et psychoaffectif de l'enfant. Ce profil détaillé permet d'établir le bon diagnostic et, donc, de mieux comprendre les causes réelles des comportements d'opposition.

» Les psychologues, les psychoéducateurs, les neuropsychologues et certains autres intervenants peuvent vous offrir des séances de « coaching parental » ou de « guidance parentale » afin de vous aider dans votre rôle de parent.

» Votre pédiatre ou votre médecin de famille peut vous orienter vers la bonne médication lorsque cela est nécessaire. Parfois, une rencontre en pédopsychiatrie permettra de poser un diagnostic plus complexe et d'ajuster une médication plus spécialisée.

» Au Québec, les services sociaux offrent du soutien aux parents d'enfants opposants. Par exemple, le programme « PEDAP » (Parents d'enfants défiant l'autorité parentale) et le programme « Parent-guide, parent-complice » permettent de découvrir de bonnes méthodes de gestion des comportements d'opposition.

Trois mots à retenir

J'aimerais terminer cet ouvrage en vous proposant une piste de réflexion. Parfois, la tâche de parent nous semble gigantesque et on perd un peu l'objectif de vue. On veut le meilleur pour nos enfants, on se dévoue, on se dédie, mais parfois on se perd. On souhaite qu'ils réussissent à l'école, dans toutes les matières, pour que les portes de l'université soient grandes ouvertes pour eux au moment de faire leur choix de carrière. On s'inquiète de leurs petits conflits avec des amis, on redoute les mauvaises fréquentations. On aimerait qu'un jour ils trouvent l'amour avec une personne éduquée, gentille et respectueuse mais, surtout, avouons-le, avec quelqu'un qui nous plaît et qui nous ressemble. On les encourage à faire du sport, on s'indigne des injustices de l'arbitre envers eux. On les encourage à s'exprimer par les arts et la musique, on insiste pour qu'ils pratiquent tous les soirs. Ainsi passent les semaines, ainsi grandissent les petits.

Puis à un moment, lorsque ça va moins bien, on réalise qu'il faut faire des choix, choisir ses combats. On est essoufflé de combattre sur tous les fronts ! Encore plus si le beau projet d'avenir qu'on a bâti pour notre enfant ne rencontre en somme que... son opposition ! C'est souvent à ce moment qu'on réalise qu'on ne sait plus, dans tout cela, ce qui est important... Sur quoi peut-on lâcher prise ? Quel est notre rôle avec cet enfant ?

Afin d'orienter votre réflexion et de guider vos choix, je vous propose de retenir simplement ceci : votre rôle avec vos enfants se résume à trois mots. Votre rôle est de les aider à devenir un jour des adultes **heureux, respectueux et autonomes.**

Voilà, c'est tout ! Continuez votre bon travail.

À bientôt, cher parent !

· RÉFÉRENCES ET BIBLIOGRAPHIE ·

Barkley, R. A. (1981). *Hyperactive Children : A Handbook for Diagnosis and Treatment*. New York, Gilford Press, p. 100.

Barkley, R.A. (1997). *Defiant Children, A Clinician's Manual for Assessment and Parent Training, second edition*. New York, The Gilford Press, p. 28, Figure 1.2.

Baumrind, D. (1967). «Child care practices anteceding three patterns of preschool behavior». *Genetic Psychology Monographs*, 75(1), 43-88.

Jenkins Tucker, C. et al. (2013). «Association of Sibling Aggression With Child and Adolescent Mental Health», *Pediatrics*, vol. 132, no 1, p 79-84.

Maslow, A. (1943). «A Theory of Human Motivation», *Psychological Review*, no 50, p. 370-396.

Shaw, P. et al. (2007). «Attention-deficit/hyperactivity disorder is characterized by a delay in cortical maturation», *PNAS*, vol. 104, no 49, p. 19649–19654.

BIBLIOGRAPHIE SÉLECTIVE

Barkley, R. A., Benton, C. M. (2013). *Your Defiant Child, Second Edition: Eight Steps to Better Behavior,* The Guilford Press.

Barkley, R. A. (1997). *Defiant Children, Second Edition: A Clinician's Manual for Assessment and Parent Training,* The Guilford Press.

Cloutier, G. (2011). *Vivre en harmonie avec un enfant qui s'oppose*, Montréal, Éditions Gily.

Dumas, J. (2012). *L'enfant anxieux : comprendre la peur de la peur et redonner du courage*, Éditions De Boeck.

Faber, A., Mazlish, E. (2012). *Siblings Without Rivalry: How To Help Your Children Live Together So You Can Live Too*, Éditions WW Norton.

Gannac, A.-L., Gannac-Mayanobe, Y. (2008). *Divorce : Les enfants parlent aux parents*, Éditions Anne Carrière.

Markham, L. (2015). *Peaceful Parent, Happy Siblings: How to Stop the Fighting and Raise Friends for Life*, Éditions TarcherPerigee.

Philyaw, D., Thomas, M. D. (2013). *Co-parenting 101: Helping Your Kids Thrive in Two Households after Divorce*, New Harbinger Publications.

Poussin, G., Martin-Lebrun, É. (2011). *Les enfants du divorce, 2e édition : Psychologie de la séparation parentale*, Éditions Dunod.

Webb, J. T., Gore, J. L., Amend, E. R., DeVries, A. R. (2007). *A Parent's Guide to Gifted Children*, Great Potential Press.

· CHEZ LE MÊME ÉDITEUR ·

De l'opposition à la communication

Entendre et comprendre *vraiment* vos enfants et vos adolescents

Benoît Hammarrenger

10 questions sur...
Le TDAH chez l'enfant et l'adolescent

Benoît Hammarrenger

Parent gros bon sens

Mieux comprendre votre enfant pour mieux intervenir

Nancy Doyon

10 questions sur...
La douance et la double exceptionnalité chez l'enfant et l'adolescent

Marie-Josée Caron et al.

Parent responsabilisant

Accompagnez votre enfant vers l'autonomie et l'épanouissement

Nancy Doyon

La douance

Comprendre le haut potentiel intellectuel et créatif

Marianne Bélanger

Guide d'entraînement pour apprivoiser son lion

Apprendre à calmer son lion intérieur et à communiquer sainement

Marianne Dufour

Marco tête-de-bouc et les rails rouges

Guide d'entraînement pour transformer l'opposition en collaboration

Marianne Dufour

... et plusieurs autres découvertes :
miditrente.ca

Achevé d'imprimer en décembre 2022 sur les presses
de Marquis Imprimeur, pour le compte des Éditions Midi trente.

Imprimé sur Rolland Enviro®.
Ce papier contient 100% de fibres recyclées durables,
est fabriqué avec un procédé sans chlore
et à partir d'énergie biogaz.

Les Éditions Midi trente : des livres pratiques et des outils
d'intervention sympathiques pour surmonter les difficultés et
pour stimuler le potentiel des petits et des grands.

MIDITRENTE.CA